A ARTE DE GOZAR

MIRIAN GOLDENBERG

A ARTE DE GOZAR

AMOR, SEXO E TESÃO NA MATURIDADE

1ª edição

EDITORA RECORD

RIO DE JANEIRO • SÃO PAULO

2023

CIP-BRASIL. CATALOGAÇÃO NA PUBLICAÇÃO
SINDICATO NACIONAL DOS EDITORES DE LIVROS, RJ

G566a   Goldenberg, Mirian
            A arte de gozar : amor, sexo e tesão na maturidade / Mirian
        Goldenberg. – 1. ed. – Rio de Janeiro : Record, 2023.

            ISBN 978-65-5587-646-8

            1. Antropologia. 2. Envelhecimento - Aspectos sociais.
        3. Feminilidade. 4. Sexo (Psicologia). 5. Mulheres
        - Comportamento sexual. 6. Prazer. I. Título.

                        CDD: 306.7082
22-81486   CDU: 316.83-055.2

Meri Gleice Rodrigues de Souza - Bibliotecária - CRB-7/6439

Texto revisado segundo o Acordo Ortográfico da Língua Portuguesa de 1990.

Direitos exclusivos desta edição reservados pela
EDITORA RECORD LTDA.
Rua Argentina, 171 – 20921-380 – Rio de Janeiro, RJ – Tel.: (21) 2585-2000.

Impresso no Brasil

ISBN 978-65-5587-646-8

Seja um leitor preferencial Record.
Cadastre-se em www.record.com.br
e receba informações sobre nossos
lançamentos e nossas promoções.

Atendimento e venda direta ao leitor:
sac@record.com.br

Sumário

A arte de gozar nasceu do desejo de compartilhar as lições que aprendi com as duas mulheres que mais me ensinaram a ter a coragem de ser eu mesma: Simone de Beauvoir e Leila Diniz.

Afinal, nenhuma mulher nasce livre: torna-se livre!

A primeira leitura que fiz de *O segundo sexo*, aos 16 anos, influenciou decisivamente minhas escolhas existenciais. Por constatar a existência cruel de "uma infelicidade propriamente feminina", tenho buscado obsessivamente, desde então, encontrar os caminhos de libertação das mulheres brasileiras.

Nenhuma mulher nasce livre: torna-se livre

"Ninguém nasce mulher: torna-se mulher."

A célebre frase de Simone de Beauvoir resume as ideias apresentadas nas mais de novecentas páginas de *O segundo sexo,* um estudo fascinante sobre as prisões que as mulheres sofreram ao longo da história.

Considerada a bíblia do feminismo, a obra persegue obstinadamente as respostas para a mesma questão crucial: quais são os caminhos de libertação das mulheres?

Simone de Beauvoir defendeu que ser mulher não é somente nascer com um determinado sexo, mas ser classificada de uma forma negativa pela sociedade. É ser educada, desde o nascimento, para ser frágil, passiva, dependente, apagada, delicada, discreta, submissa e invisível. Portanto, ser mulher não é um dado da natureza, mas da cultura. Não há um destino biológico que defina a mulher como um ser inferior ao homem.

Foi a história da civilização que fabricou a situação feminina de submissão e subordinação social. Depois, para cada mulher em particular, foi a história da sua vida, em especial a da sua infância, que a definiu como "o inessencial perante o essencial". O homem é o Sujeito, ela é o Outro: "o segundo sexo".

Simone de Beauvoir me ensinou que não há para as mulheres outra saída senão a de lutar pela própria libertação. Para tanto, cada mulher precisa recusar os limites da sua situação e procurar abrir os caminhos da liberdade para todas as mulheres. A luta pela libertação é uma exigência não só das mulheres, mas também dos homens, já que os escravos e os senhores são aprisionados — ainda que de maneiras muito distintas — pela mesma lógica da dominação masculina.

Publicado na França, em 1949, *O segundo sexo* foi escrito por uma mulher que só bem mais tarde, na década de 1970, se tornou militante feminista. Simone de Beauvoir reconheceu que nunca experimentou a condição de inferioridade da mulher que descreve. E que, somente quando começou a escrever *O segundo sexo*, constatou que havia "uma infelicidade propriamente feminina".

Se existe "uma infelicidade propriamente feminina", será que as mulheres não nascem livres, tornam-se livres?

O capítulo final — "A caminho da libertação" — foi o que teve maior impacto na minha vida. Nele, Simone de Beauvoir mostrou que a mulher livre — aquela mulher excepcional que luta pela sua autonomia econômica, social, psicológica e intelectual — estava apenas nascendo. Se as dificuldades são mais evidentes para uma mulher livre é porque ela escolheu a luta, não a resignação.

Em mais de três décadas de pesquisas com 5 mil mulheres e homens, constatei que "liberdade" é o principal desejo das mulheres brasileiras. Quando perguntei: "O que você mais inveja nos homens?", as mulheres responderam em primeiríssimo lugar: liberdade. Elas invejam a liberdade sexual, a liberdade com o corpo, a liberdade de envelhecer, a liberdade de rir e de brincar, a liberdade de fazer xixi em pé, entre tantas liberdades. Já os homens, quando perguntei sobre o que mais invejam nas mulheres, eles responderam categoricamente: nada.

Talvez aí esteja o cerne da "infelicidade propriamente feminina": a falta de liberdade e, simultaneamente, uma profunda inveja da liberdade masculina.

É impressionante constatar que, após mais de setenta anos da publicação de *O segundo sexo,* e depois de tantas lutas, sacrifícios e conquistas, as mulheres ainda sintam inveja da liberdade masculina.

A primeira leitura que fiz de *O segundo sexo*, aos 16 anos, influenciou decisivamente minhas escolhas existenciais. Por constatar a existência cruel de "uma infelicidade propriamente feminina", tenho buscado obsessivamente, desde então, encontrar os caminhos de libertação das mulheres brasileiras. O principal objetivo de todas as minhas pesquisas é descobrir como as mulheres podem ser livres, autônomas e independentes em uma cultura que aprisiona os corpos, as escolhas e os desejos femininos.

Não consigo descrever a emoção e a alegria que senti quando, no início de 2019, recebi o convite para escrever a apresentação da edição comemorativa de setenta anos de *O segundo sexo*. No ano anterior, já havia ficado muito feliz por ter escrito o prefácio de *A força da idade*, livro em que Simone de Beauvoir refletiu sobre o próprio amadurecimento.

Como a adolescente de 16 anos, que começou a trilhar os próprios caminhos de libertação ao ler *O segundo sexo*, poderia sonhar que iria escrever a apresentação do livro que mais marcou a sua vida? E, mais mágico ainda, que o meu texto seria ilustrado com a fotografia de Simone de Beauvoir nua, aos 44 anos, imagem que sempre considerei o mais belo espelho da liberdade na maturidade?

Foi nesse momento de êxtase que tive a ideia de escrever *A arte de gozar*. O livro nasceu do desejo de compartilhar as lições que aprendi com as duas mulheres que mais me ensinaram a ter a coragem de ser eu mesma: Simone de Beauvoir e Leila Diniz.

Afinal, nenhuma mulher nasce livre: torna-se livre!

Em mais de três décadas de pesquisas com 5 mil mulheres e homens, constatei que "liberdade" é o principal desejo das mulheres brasileiras. Quando perguntei: "O que você mais inveja nos homens?", as mulheres responderam em primeiríssimo lugar: liberdade. Elas invejam a liberdade sexual, a liberdade com o corpo, a liberdade de envelhecer, a liberdade de rir e de brincar, a liberdade de fazer xixi em pé, entre tantas liberdades. Já os homens, quando perguntei sobre o que mais invejam nas mulheres, eles responderam categoricamente: nada.

Por que, após mais de setenta anos da publicação de *O segundo sexo* e mais de meio século depois da revolução libertária de Leila Diniz, as mulheres brasileiras ainda sentem inveja da liberdade masculina e sofrem tanto por não terem a coragem de dizer *não*?

Os caminhos da libertação

Quando estava começando a escrever a introdução de *A arte de gozar*, uma jornalista alemã me procurou para falar sobre os meus livros *Infiel*, publicado na Alemanha, em 2014, e *Liberdade, felicidade e foda-se!*, publicado em Portugal e na Turquia, em 2020, e na Coreia do Sul, em 2021.

Estranhei quando ela disse que sou "porta-voz, representante e símbolo das mulheres brasileiras maduras". A primeira imagem que me veio à mente foi a de uma fruta prestes a cair da árvore, que precisa ser comida logo, pois está na iminência de estragar, apodrecer, ser descartada e jogada no lixo.

Eu me senti desconfortável, pois não acredito que seja "porta-voz, representante e símbolo das mulheres brasileiras maduras". Como antropóloga, preciso manter certo distanciamento para observar e compreender a realidade que pesquiso. Mesmo rotulada como uma mulher brasileira madura, sou apenas uma mulher que escreve sobre os caminhos de libertação das mulheres. Mais importante ainda, as mulheres brasileiras têm sua própria voz e não precisam da minha para expressar seus desejos, medos e insatisfações.

A jornalista alemã queria conhecer minha trajetória como antropóloga e saber as razões do sucesso dos meus livros no Brasil e no exterior.

Comecei contando que, em 1990, publiquei *A Outra: um estudo antropológico sobre a identidade da amante do homem casado*. O pequeno livro, resultado de uma pesquisa qualitativa com mulheres de diferentes gerações, ficou várias semanas nas listas dos mais vendidos em todo o Brasil.

Ela ficou curiosa: "Por que *A Outra* fez tanto sucesso?"

Acredito que é porque o livro vai além da análise dos medos e desejos de mulheres que são amantes de homens casados. Ele retrata as angústias e os sofrimentos de incontáveis mulheres brasileiras que experimentam relações conjugais insatisfatórias, e que não se contentam com migalhas de amor e de sexo.

Outro momento marcante da minha trajetória como antropóloga foi a defesa da minha tese de doutorado *Toda mulher é meio Leila Diniz*, em 1994.

"Por que você escolheu estudar a vida de Leila Diniz?"

Leila Diniz é, até hoje, um símbolo da revolução comportamental e sexual das mulheres brasileiras. Ela foi a inesquecível protagonista do filme *Todas as mulheres do mundo*, de Domingos de Oliveira, em 1966, e a primeira mulher a exibir a barriga grávida de biquíni na praia, em 1971. Foi rainha da Banda de Ipanema, musa de *O Pasquim*, e apelido de uma gripe devastadora no Rio de Janeiro: "aquela que leva todo mundo para a cama". Leila ficou famosa por suas atitudes irreverentes e libertárias, como quando reagiu ao assédio de um homem poderoso: "Mas Leila, você dá para todo mundo, não vai dar para mim?" Ela respondeu sorrindo: "É verdade, coronel, eu dou para todo mundo, mas eu não dou para qualquer um."

Em sua curta e intensa vida (1945-1972), ela foi simplesmente Leila Diniz. Terminei minha tese de doutorado com uma pergunta que ela se fazia por não compreender por que se tornara um mito de mulher revolucionária: "Sou Leila Diniz, qual é o problema?"

Depois de defender minha tese de doutorado, comecei a pesquisar uma nova revolução das mulheres brasileiras. As mesmas mulheres que revolucionaram os comportamentos amorosos e sexuais nos anos 1960 e 1970, as mulheres da geração de Leila Diniz, estão agora revolucionando os discursos, comportamentos e valores associados ao envelhecimento feminino. É o que eu chamo de Revolução da Bela Velhice.

Como a jornalista me pediu para destacar as três produções de maior sucesso na minha trajetória como antropóloga, escolhi, em primeiro lugar, *A Outra*. Em segundo, escolhi um TEDx que apresentei, "A invenção de uma bela velhice", postado no YouTube em janeiro de 2018, que teve quase 1,3 milhão de visualizações, e que se tornou uma espécie de cartão de visita das minhas pesquisas sobre envelhecimento e felicidade. Em terceiro, escolhi as colunas que escrevi para a *Folha de S.Paulo*, em especial, "O sexo das mulheres mais velhas", que teve mais de 600 mil visualizações no site do jornal, e "A arte de gozar: como aprender a envelhecer com mais autonomia, autenticidade, amizade e alegria", que ficou seis dias em primeiro lugar entre as colunas mais lidas da *Folha*.

Por que entre mais de trinta livros que escreveu, você escolheu *A Outra*? Por que você acha que, entre tantos TEDx e palestras suas que estão no YouTube, "A invenção de uma bela velhice" viralizou? Por que, entre centenas de textos que você escreveu para a *Folha*, você escolheu "O sexo das mulheres mais velhas" e "A arte de gozar"? O que seus trabalhos de maior impacto fora do mundo acadêmico têm em comum?

Levei um bom tempo para responder, pois nunca havia pensado sobre o segredo dos meus maiores sucessos. Mas acabei descobrindo alguns pontos em comum.

Todos são baseados nas minhas pesquisas com mulheres que buscam ser mais livres em uma cultura que aprisiona os corpos, as escolhas e os desejos femininos. Eles ajudam a compreender melhor a realidade brasileira e mostram que os medos e sofrimentos das mulheres são, em grande parte, culturais, e não fracassos individuais. Revelam os conflitos, as contradições e as ambiguidades dos desejos e comportamentos femininos, e buscam apontar os caminhos de libertação das prisões, obrigações e pressões sociais. Falam de mulheres mais livres, autônomas e independentes, que lutam contra os preconceitos, estigmas, estereótipos, rótulos e etiquetas. Mulheres que não se aposentam de si mesmas, e que não se submetem à invisibilidade e à morte simbólica que aprisionam as mulheres que envelhecem.

Por fim, todos têm o propósito de responder à pergunta existencial que me angustia até hoje: Por que, após mais de setenta anos da publicação de *O segundo sexo* e mais de meio século depois da revolução libertária de Leila Diniz, as mulheres brasileiras ainda sentem inveja da liberdade masculina e sofrem tanto por não terem a coragem de dizer *não*?

É interessante observar a recorrência do advérbio "ainda" quando se trata da sexualidade da mulher mais velha, como se o sexo fosse um privilégio das mulheres jovens. Parece que o fato de envelhecer torna as mulheres assexuadas e invisíveis, como se elas sofressem uma espécie de "morte simbólica".

Mulheres maduras ainda gostam de sexo?

Sexo é um tema tabu. E um tabu maior ainda quando se trata da sexualidade das mulheres mais velhas.

Nas minhas aulas, palestras e entrevistas, uma pergunta frequente é: "As mulheres maduras ainda gostam de sexo?"

"Por que os homens ficam tão assustados com a sexualidade das mulheres mais velhas?", me perguntou recentemente um jornalista de 40 anos:

Por que é tão estranho saber que uma mulher mais velha ainda é sexualmente ativa e gosta de transar? Eu fiquei chocado quando a mãe de um amigo me deu uma cantada explícita. Ela ainda é uma mulher muito bonita e atraente, apesar de ter 60 anos. Falei que sou casado e ela insistiu, disse que só queria um *teretetê*, sexo sem compromisso e sem encrenca. E ainda me ensinou o significado de PA (pau amigo): só sexo, mas com um amigo.

É interessante observar a recorrência do advérbio "ainda" quando se trata da sexualidade da mulher mais velha, como se o sexo fosse um privilégio das mulheres jovens. Parece que o fato de envelhecer torna as mulheres assexuadas e invisíveis, como se elas sofressem uma espécie de "morte simbólica".

Sempre que me perguntam sobre o sexo das mulheres mais velhas, respondo que não existe uma única forma de experimentar a sexualidade na maturidade, já que as mulheres são múltiplas e plurais. Nas minhas pesquisas, tenho encontrado mulheres que sempre gostaram de sexo e procuram todos os recursos disponíveis para continuar tendo prazer na cama. Algumas que já fizeram bastante sexo no passado, mas que hoje não querem mais. Outras que usam a velhice como desculpa, pois acham que já cumpriram com suas obrigações conjugais. Aquelas que querem manter uma vida sexual prazerosa, mas não com o atual parceiro. As que têm uma vida sexual intensa fora do casamento, as que gostam do sexo virtual, as que se masturbam e as que preferem o vibrador. Mulheres que tiveram centenas de parceiros ou somente um, que são infiéis ou foram traídas, que nunca tiveram orgasmo ou que têm orgasmos múltiplos.

Apesar de ser impossível analisar a imensa diversidade das escolhas e comportamentos sexuais das mulheres mais velhas, procurei classificar as respostas femininas sobre o sexo na maturidade em cinco grupos principais.

Um primeiro grupo de mulheres continua fazendo sexo. Elas sempre gostaram de sexo e buscam todos os recursos disponíveis para continuar tendo prazer na cama. São mulheres que fazem sexo quando querem, tanto com parceiros fixos quanto com eventuais, e são adeptas do uso de vibradores e do sexo virtual.

Um segundo grupo não quer mais fazer sexo. Elas usam a velhice como desculpa, mas a verdade é que acreditam que já cumpriram suas obrigações conjugais. Confessam que (quase) nunca tiveram prazer com seus parceiros e que decidiram se aposentar do sexo para aproveitar melhor o tempo com atividades mais gratificantes. Elas acreditam que o tesão pode estar relacionado a outros prazeres, e não exclusivamente ao sexo.

Um terceiro grupo quer continuar fazendo sexo, mas não com o atual parceiro. Neste caso, a questão que mais pesa não é a falta de libido, e sim a falta de tesão pelo marido. Algumas têm uma vida sexual bastante satisfatória com amantes bem mais jovens.

Um quarto grupo gosta de sexo, mas não tem uma vida sexual ativa. São mulheres que reclamam que falta homem no mercado.

Um quinto grupo não gosta, mas faz sexo mesmo sem ter vontade. São mulheres que têm medo de dizer *não*, e que se sentem pressionadas a fingir para corresponder às expectativas e aos desejos do parceiro.

O que mais me chamou atenção nas minhas pesquisas é que pouquíssimas mulheres se queixaram de falta de sexo em seus casamentos. Elas reclamaram muito mais de falta de intimidade, de fidelidade, de reconhecimento, de reciprocidade, de romance e de beijo na boca. Algumas ainda disseram que "falta tudo".

Casadas, viúvas, solteiras ou divorciadas, a maior parte das mulheres que eu entrevistei quer usufruir da liberdade tardiamente conquistada, como disse uma advogada de 62 anos:

> Já tive dezenas de namorados, amantes e maridos, mas, hoje, o que mais valorizo é a minha liberdade. Não quero um homem me prendendo, me dizendo o que eu posso e o que eu não posso fazer. Meu tesão está em outro lugar: nos meus projetos, nas amigas, nos livros, nos cursos, nos filmes, na música, na dança, e em aprender coisas novas todos os dias. Prefiro mil vezes ter alguém que me faça dar risada do que só para transar. Não preciso de um homem como um troféu para provar o meu valor. É inacreditável que ainda existam mulheres que são do tipo: "Não sou feliz, mas tenho marido."

Inúmeras mulheres me revelaram que não sentem mais tesão, que não conseguem atingir o orgasmo com o parceiro, que perderam a libido, que têm medo de falar sobre o que mais gostam na cama, que têm vergonha do próprio corpo, que se tornaram invisíveis e que estão frustradas sexualmente. Falta vontade, tempo, energia e disposição para o sexo, já que se sentem exaustas, estressadas, deprimidas, insatisfeitas e angustiadas com problemas pessoais, familiares e profissionais. Na interminável lista de obrigações que precisam cumprir todos os dias, o sexo parece ter se tornado mais uma obrigação que rouba alguns minutos do sono.

É preciso ressaltar que encontrei mulheres que, após o término dos seus casamentos, experimentaram relações amorosas e sexuais mais plenas e satisfatórias, como uma atriz de 67 anos:

> Estava vivendo um marasmo sexual com meu marido há mais de dez anos e acabei me divorciando. Estou apaixonada por um homem bem mais jovem, transando todos os dias com o maior tesão. O que mais atrapalha a vida sexual é a obrigação de fazer sexo até morrer com a mesma pessoa. Como é possível ter uma vida sexual prazerosa se o casamento está uma merda?

Algumas pesquisas afirmam que os brasileiros são um dos povos mais ativos sexualmente do mundo, já que fazem sexo 145 vezes por ano. Só perderiam para os gregos, que fazem sexo 164 vezes por ano. Outras dizem que os brasileiros dedicam mais tempo ao sexo do que os demais povos: em média, 21 minutos, enquanto a média mundial seria 18 minutos. Só perderiam para os nigerianos, cujo tempo médio é de 24 minutos. Os brasileiros seriam campeões, na América Latina, em número de parceiros sexuais ao longo da vida: uma média de doze contra dez nos nossos países vizinhos. E por aí vai: os brasileiros são o povo mais infiel do mundo, os brasileiros fazem sexo, em média, três vezes por semana etc.

O mito sobre o sexo campeão do mundo, quando comparado à performance sexual de mulheres e homens brasileiros, parece estar reforçando, e até mesmo produzindo, a sensação de frustração, infelicidade e insatisfação sexual.

Apesar do discurso libertário a respeito da sexualidade feminina, as mulheres se sentem cada vez mais prisioneiras de estereótipos, rótulos e preconceitos. Com a ambiguidade dos nossos desejos e com o imperativo de uma performance ativa e diversificada, o sexo tanto pode ser um prazer quanto uma prisão.

Como afirmei no início, sexo é um tema tabu. E um tabu ainda maior quando se trata da sexualidade das mulheres mais velhas.

Afinal, será que as mulheres maduras ainda gostam de sexo?

Após a revolução sexual das mulheres, será que é possível rotular e aprisionar as escolhas femininas? Por que tanta dificuldade para aceitar que, como disse Rita Lee, "velho não quer trepar", ou melhor, que nem todos querem? Será uma nova revolução das mulheres ter a coragem de dizer *não* — e dizer *sim*, se quiserem — para o sexo?

"*Não é não*: não gosto, não quero e não preciso. Aprender a dizer *não* foi a maior revolução da minha vida. Se o segredo da minha liberdade é ter a coragem de dizer essa palavrinha tão poderosa e ligar o botão do foda-se para o que os outros pensam, por que será que demorei tanto tempo para perder o medo, a culpa e a vergonha de ser eu mesma? Hoje, pela primeira vez na minha vida, eu sou dona do meu tempo, do meu corpo e da minha vontade. Sexo não é mais a minha prioridade."

A coragem de dizer *não*

Pesquisas recentes nos Estados Unidos mostraram que grande parte dos casais tem uma única relação por mês e que cerca de 20% não fazem mais sexo. Como é provável que muitos tenham vergonha de confessar, o número pode ser ainda maior.

Parece que virou moda falar de abstinência ou de aposentadoria sexual. Quase todos os dias uma mulher famosa confessa publicamente que não faz sexo há anos. Algumas dizem que nunca tiveram prazer no sexo, mas que faziam por obrigação ou para se sentirem atraentes, sensuais e desejáveis. Outras afirmam que sempre gostaram de sexo, mas que, com o avanço da idade, descobriram outros propósitos mais gratificantes e significativos, como é o caso de Jane Fonda e de Rita Lee.

Jane Fonda, aos 82 anos, foi questionada se "ainda" estava fazendo sexo. Ela riu e respondeu:

Não, não, zero. Não tenho tempo. Estou velha e já fiz muito sexo. Eu não preciso disso agora porque estou muito ocupada. Não tenho mais interesse. Tenho uma vida bem completa, com filhos, netos e amigos. Não quero mais saber de romances. Não tenho tempo para isso.

Ela brincou que havia um desencontro de desejos em seu último relacionamento amoroso: enquanto o namorado tomava Viagra, ela preferia um remédio para dormir. Os dois se separaram em 2017.

Jane Fonda usou o mesmo argumento de Rita Lee, que, aos 72 anos, revelou que se aposentou do sexo. Ela disse que já fez bastante sexo no passado e que hoje prefere investir seu tempo, foco e energia em outros prazeres e propósitos mais significativos.

"Velho não quer trepar e usar drogas, quer ser dono de casa", disse Rita Lee. Ela, que "trepou a vida inteira", descobriu novos prazeres na velhice: ler mais, aprender coisas novas, pintar, lavar louça, arrumar a cama e outras tarefas que considera fantásticas. "E hoje estou aqui, velha e dona de casa, já que fazer sexo e usar drogas não me interessam mais."

A roqueira mais famosa do Brasil, que revolucionou comportamentos no século passado, não é a única que se aposentou do sexo.

Como mostrei em *A invenção de uma bela velhice*, homens e mulheres me revelaram que o sexo deixou de ser uma prioridade em suas vidas e que descobriram novos prazeres na maturidade.

Para muitos homens, um novo prazer é ser "dono de casa", principalmente para aqueles que passaram a maior parte de suas vidas mergulhados no mundo do trabalho. Quando se aposentam, além de buscarem um novo projeto que dê significado às suas vidas, querem ter mais tempo com a família, esposa, filhos e netos. Alguns estão descobrindo que gostam de cozinhar, lavar louça, passar aspirador e outras atividades domésticas que (quase) nunca fizeram antes da aposentadoria.

Já as mulheres querem ter mais tempo para sair com as amigas, fazer cursos, ir ao cinema e teatro, viajar, passear, rir e conversar. Querem ter tempo para cuidar de si mesmas, pois passaram a vida inteira cuidando dos outros. Elas descobriram que o tempo é um bem precioso e querem aproveitar a liberdade tardiamente conquistada, como declarou uma psicóloga de 65 anos:

Não é *não*: não gosto, não quero e não preciso. Aprender a dizer *não* foi a maior revolução da minha vida. Se o segredo da minha liberdade é ter a coragem de dizer essa palavrinha tão poderosa e ligar o botão do foda-se para o que os outros pensam, por que será que demorei tanto tempo para perder o medo, a culpa e a vergonha de ser eu mesma? Hoje, pela primeira vez na minha vida, eu sou dona do meu tempo, do meu corpo e da minha vontade. Sexo não é mais a minha prioridade.

Há uma inversão interessante. Quando envelhecem, os homens querem desfrutar do mundo da família e da casa de que não puderam usufruir antes, pois se dedicaram quase que exclusivamente ao mundo do trabalho. As mulheres podem ganhar o mundo da liberdade e da amizade que não puderam aproveitar quando mais jovens, já que se dedicaram prioritariamente ao mundo da família e da casa.

Apesar das perdas inevitáveis, homens e mulheres demonstram que existem ganhos importantíssimos com a maturidade. Eles e elas se sentem mais livres para escolher como usar o tempo com atividades, prazeres e projetos que consideram mais significativos e gratificantes. O lema da "bela velhice" é: "Eu não preciso mais, mas eu quero!"

Sei que posso provocar algum desconforto ao afirmar que boa parte das mulheres (e também dos homens) não tem tanto prazer e interesse no sexo, como contou uma arquiteta de 56 anos:

> Eu tive uma vida sexual bastante ativa, intensa e gostosa até a menopausa. Mas, infelizmente, o tesão acabou. Amo meu marido, mas não tenho mais vontade de transar com ninguém, nem com ele, nem com o Chico Buarque, nem com o George Clooney. Sem tomar hormônios ou fingir orgasmos, será que existe vida sexual depois da menopausa? Sou cobrada pelas minhas amigas por ter me aposentado do sexo. Elas vivem me atormentando dizendo que o meu marido vai me trair, mas não sabem que ele também se aposentou do sexo. Nós dois estamos aposentados do sexo, mas não do amor, do companheirismo e do tesão pela vida.

"Os homens também podem ser felizes sem sexo", declarou enfaticamente seu marido, um professor de 69 anos:

Até a menopausa da minha mulher, nós transávamos duas ou três vezes por semana. Quando a menopausa chegou, nos aposentamos do sexo. Somos muito felizes, gostamos de conversar, caminhar, ver filmes e séries, viajar, namorar, fazer massagem, brincar e dar risada. Temos cumplicidade, companheirismo e intimidade, o sexo não faz tanta falta. Nosso casamento não acabou, muito pelo contrário. Talvez esteja apenas recomeçando. Por que não podemos gozar com os outros prazeres da vida? O único prazer de um casamento é o sexo?

"O machismo é uma prisão torturante também para os homens", ele afirmou:

Os preconceitos e as pressões sociais são tão massacrantes que os homens não assumem que se aposentaram do sexo com medo de não corresponderem ao modelo machista de sexualidade. Somos obrigados a ter uma perfomance sexual potente e frequente, inclusive em momentos de doença, crise, depressão, exaustão e estresse. Diferentemente das mulheres, nós sofremos calados por vergonha e medo do estigma de não ser um "homem de verdade". Um homem de verdade não pode chorar, um homem de verdade não pode brochar, um homem de verdade não pode se aposentar do sexo. Daí enche a cara, toma Viagra e antidepressivo, porque o homem de verdade não existe, é só um mito machista.

Apesar de reconhecer alguns avanços dos comportamentos masculinos, o professor admitiu que, infelizmente, o machismo não morreu:

Meus amigos me xingam de velho brocha, cagão, corno e boiola. Eles não entendem por que não tomo Viagra. Eles estão tão brochas quanto eu, mas são tão machistas que têm vergonha de assumir. Não tenho vergonha de admitir: os homens também podem ser felizes sem sexo.

Voltando às entrevistas de Jane Fonda e Rita Lee.

Elas não estão defendendo que a aposentadoria do sexo é a melhor escolha para todas as mulheres. Estão apenas afirmando que, para elas, outros desejos, aprendizados e propósitos podem ser tão ou mais gratificantes do que o sexo. Elas se aposentaram do sexo, mas não se aposentaram do tesão e da alegria de viver. Descobriram na maturidade que outros objetivos e atividades lhes proporcionam mais prazer do que o sexo. Qual é o problema?

Para Jane Fonda e Rita Lee, a aposentadoria sexual não é uma falta, uma perda ou um fracasso feminino. É simplesmente uma escolha.

Se no século passado as mulheres foram protagonistas de uma revolução em que a liberdade sexual era fundamental, hoje reconhecem que não fazer sexo pode ser um dos caminhos de libertação das pressões sociais que determinam o que é desejável, legítimo e saudável. Elas revelam que existe uma enorme diversidade de desejos e que é possível encontrar diferentes maneiras de sentir tesão e gozar a vida. Para tanto, é necessário dizer *não* e lutar corajosamente contra os rótulos, estigmas e preconceitos que aprisionam homens e mulheres de todas as idades.

Após a revolução sexual das mulheres, será que é possível rotular e aprisionar as escolhas femininas? Por que tanta dificuldade para aceitar que, como disse Rita Lee, "velho não quer trepar", ou melhor, que nem todos querem? Será uma nova revolução das mulheres ter a coragem de dizer *não* — e dizer *sim*, se quiserem — para o sexo?

As mulheres mais velhas deixaram de ser invisíveis e de ter vergonha de revelar seus corpos, desejos e fantasias sexuais. Estamos começando a tirar os óculos da *velhofobia*, que só enxerga feiura, decadência e doença na velhice, para enxergar beleza, alegria, prazer e tesão na maturidade.

O sexo das velhas ridículas

Vocês repararam que vários casais de mais de 70 anos, em cenas íntimas e sensuais, protagonizaram as propagandas do Dia dos Namorados de 2022? Acharam libertador enxergar corpos diferentes daqueles que são a maioria nas propagandas, sempre tão fartas de corpos jovens, magros e perfeitos?

A moda, a publicidade e a indústria da beleza parecem ter descoberto que todos os brasileiros já são ou serão velhos amanhã, e que, apesar dos estigmas, preconceitos e vergonhas, querem amar, namorar e ter tesão em todas as fases da vida.

As mulheres mais velhas deixaram de ser invisíveis e de ter vergonha de revelar seus corpos, desejos e fantasias sexuais. Estamos começando a tirar os óculos da *velhofobia*, que só enxerga feiura, decadência e doença na velhice, para enxergar beleza, alegria, prazer e tesão na maturidade.

Mas, como alertou uma psicóloga de 65 anos, é necessário ter consciência de que o mercado está muito interessado nos consumidores de mais idade, especialmente nas mulheres:

O mercado acordou e descobriu que os velhos estão na moda. O cabelo branco, que era considerado horrível, passou a ser lindo. Agora, a obrigação é deixar o cabelo branco, não pode mais pintar, tem que mostrar que é velha. Passou a ser fashion respeitar a diversidade e colocar cotas de velhos nas propagandas e nos desfiles de moda para ser politicamente correto. O mercado não é idiota, quer lucrar cada vez mais. Descobriu que os mais velhos ainda têm tesão, namoram, gostam de sexo e querem gozar a vida.

É verdade: os mais velhos namoram, fazem sexo e sentem tesão pela vida. No entanto, por que a recorrência do advérbio "ainda" quando se fala de amor, sexo e tesão na maturidade?

A maturidade pode ser, e é, uma fase de conquistas, alegrias, descobertas, realizações, prazeres e aprendizados. É o momento de deixar desabrochar e florescer o tesão da alma e do coração.

É o que eu gosto de chamar de Revolução da Bela Velhice. Se antes eu também tinha pânico de envelhecer e só conseguia enxergar feiura, doença e perda no meu próprio envelhecimento, hoje meu olhar está mais focado na beleza, no tesão e na alegria de viver um dia de cada vez, com tudo o que me faz bem.

Como disse um médico de 72 anos, a intimidade e a confiança adquiridas com o tempo permitem explorar novas formas de tesão. Apesar de a frequência sexual ter diminuído bastante se comparada à da juventude, ele "ainda" sente muito prazer:

O maior problema não é a idade, mas o tempo do relacionamento. É quase impossível manter o tesão em um casamento de meio século. Mesmo sabendo que eu sou um dinossauro em extinção, comprei um vibrador e uma lingerie sexy para minha mulher no Dia dos Namorados. É necessário quebrar o tabu de que os velhos não têm tesão. Embora o corpo mude com o tempo, não podemos parar de dar risada, de brincar e de namorar. Meu tesão não está só no sexo, mas principalmente na vontade, no prazer e na alegria de estar vivo e com saúde. Meu tesão hoje é muito mais livre, lúdico e criativo.

As mulheres mais velhas que "ainda" têm tesão e que "ainda" namoram são xingadas de "velhas ridículas", como admitiu uma empresária de 73 anos. Para ela, o maior preconceito com relação ao sexo na velhice é alimentado pelas próprias mulheres:

Minhas filhas dizem que sou o exemplo perfeito da velha gagá, maluca, caduca, caquética e decrépita. Elas me chamam de coroa periguete e de velha ridícula. Ligo o botão do foda-se para o que elas pensam. Não tenho vergonha de sentir tesão, de namorar e de gozar a vida. Prefiro ser uma velha ridícula do que uma jovem amarga, invejosa e infeliz como elas são. Quando elas me xingam, eu respondo: "Sou uma velha ridícula, e daí? É uma delícia ser uma velha ridícula."

"Sei que é o maior clichê, mas é a mais pura verdade: falta homem no mercado. Todas as minhas amigas que estão na faixa dos 50 estão sozinhas. Eu não tenho namorado há um tempão. Meu ex-marido, três meses depois da separação, já estava com uma namorada da idade da nossa filha. Que maluco vai querer uma velha decrépita, ou mesmo uma coroa enxuta, se pode ter uma jovem durinha com tudo no lugar?"

O marido como capital

No Brasil, o corpo é um capital. Certo padrão estético é visto como uma riqueza desejada por mulheres de diferentes camadas sociais.

Muitas brasileiras percebem a aparência como veículo de ascensão social e como capital no mercado de trabalho, de casamento e de sexo. Para aprofundar essa discussão, realizei um estudo comparativo com mulheres brasileiras e alemãs na faixa de 50 a 60 anos.

Já nas primeiras entrevistas, constatei um abismo entre o poder objetivo que as mulheres brasileiras conquistaram em diferentes domínios e a miséria subjetiva que aparece em seus discursos. Elas conquistaram realização profissional, independência econômica, maior escolaridade e liberdade sexual. Mas se preocupam com o envelhecimento, com o excesso de peso, sentem vergonha do próprio corpo, têm medo da solidão e da invisibilidade social.

As mulheres alemãs se revelaram muito mais seguras tanto objetiva quanto subjetivamente. Mais confortáveis com o envelhecimento, elas enfatizaram a riqueza da maturidade em termos de realizações profissionais, intelectuais e afetivas.

A discrepância entre o poder objetivo e a miséria subjetiva das mulheres brasileiras revelou que aqui o envelhecimento é um problema muito maior, o que poderia explicar o sacrifício que muitas fazem para parecer mais jovens.

A decadência do corpo, a falta de homem e a invisibilidade social marcaram o discurso das mulheres brasileiras. De diferentes maneiras, elas me disseram: "Aqueles olhares, cantadas e elogios, tão comuns desde a minha adolescência, desapareceram. Ninguém mais me chama de gostosa, eles me ignoram agora. Sou uma mulher invisível."

Curiosamente, as brasileiras que se mostraram mais satisfeitas não foram as mais jovens, magras ou bonitas. Foram aquelas que estavam casadas há muitos anos. Elas têm o "capital marital".

Em um mercado em que os homens disponíveis são escassos, principalmente na faixa etária pesquisada, as casadas se sentem poderosas por terem um "produto" raro e valorizado. Aqui, o marido é um capital.

No Brasil, onde corpo e marido são riquezas importantes, o envelhecimento é experimentado como uma fase de perdas e de doenças. Já na cultura alemã, em que outras formas de capital têm mais valor, a velhice pode ser uma fase de realizações e de extrema liberdade.

Como ressaltou Simone de Beauvoir, "a última idade" pode ser uma libertação para as mulheres, que, "submetidas durante toda a vida ao marido e dedicadas aos filhos, podem, enfim, preocupar-se consigo mesmas".

"O marido como capital", texto aqui reproduzido, foi a primeira coluna que escrevi para a *Folha de S.Paulo*, em 1º de junho de 2010.

Desde o início das minhas pesquisas sobre amor, sexo e traição, constatei que, no Brasil, o corpo é um capital. No entanto, o corpo capital não é um corpo qualquer: é um corpo jovem, magro, em boa forma, sensual. É um corpo considerado superior por ter sido conquistado por meio de um enorme investimento de tempo, dinheiro, trabalho e sacrifício.

Em uma cultura em que o corpo é um capital, como as mulheres experimentam o envelhecimento? Quais são os principais medos das brasileiras ao envelhecer?

Após uma viagem de dois meses pela Alemanha, em 2007, onde ministrei palestras em oito universidades com o título "O corpo como capital na cultura brasileira", iniciei uma pesquisa na cidade do Rio de Janeiro com mulheres de mais de 50 anos.

Nos discursos das mulheres que entrevistei, quatro ideias foram recorrentes: falta, invisibilidade, aposentadoria e liberdade.

"Falta homem no mercado", reclamou uma jornalista de 51 anos:

Sei que é o maior clichê, mas é a mais pura verdade: falta homem no mercado. Todas as minhas amigas que estão na faixa dos 50 estão sozinhas. Eu não tenho namorado há um tempão. Meu ex-marido, três meses depois da separação, já estava com uma namorada da idade da nossa filha. Que maluco vai querer uma velha decrépita, ou mesmo uma coroa enxuta, se pode ter uma jovem durinha com tudo no lugar?

"Sou uma mulher invisível", revelou uma professora de 55 anos:

Sempre fui uma mulher paquerada, acostumada a levar cantada na rua. Quando entrei na menopausa, parece que me tornei invisível. Ninguém mais diz nada, um elogio, um olhar. É a coisa que mais me dá a sensação de ter me tornado uma velha. Hoje, me chamam de senhora, de tia, me tratam como uma velha que não tem mais sensualidade, que não desperta mais desejo. É difícil aceitar que os homens não querem mais transar comigo, que me tratam como uma velha e não como uma mulher. Não acho nem que me tratam como velha, simplesmente me ignoram, me tornei invisível.

"Estou aposentada do sexo", confessou uma empresária de 56 anos:

A última vez que transei, eu devia ter 50 anos. Tem quem queira, mas eu é que não quero. Me aposentei neste setor. Eu só estou falando que existem mulheres de 50, com o corpo despencado, aí junta com o hormônio, e aí eu fico brochinha, uma verdadeira aposentada.

Com as ideias de falta, invisibilidade e aposentadoria, elas apontaram medos, perdas e preconceitos associados ao envelhecimento.

Paradoxalmente, muitas enfatizaram a liberdade conquistada com a maturidade, como uma psicóloga de 54 anos:

Para mim, terminou o tesão. Não tenho vontade, não me faz a mínima falta. Hoje, a minha paz de espírito é a coisa que eu mais prezo. Eu não sabia ser sozinha. Hoje eu sei. Pela primeira vez na vida, eu me sinto livre. Outro dia, me olhei no espelho e me achei bonita. Antes, meu marido chegava em casa e eu estava com a calcinha enorme, sutiã furado, pijama manchado. E mal-humorada, sem um sorriso, sem uma palavra doce. Depois que me separei, a primeira coisa que fiz foi dar todas as roupas velhas e feias. Hoje, eu busco ser o meu melhor, não o meu pior. O casamento é um tipo de prisão invisível, parece confortável, mas vai te destruindo aos poucos, deixando só o lado feio e desagradável. Pena que eu só descobri a liberdade aos 50.

É curioso observar que, tanto no discurso de vitimização quanto no de libertação, os focos principais das mulheres brasileiras foram: a decadência do corpo e a falta de homem.

Em um grupo de discussão que fiz no Rio de Janeiro, uma nutricionista, de 50 anos, confessou que sentia inveja de uma fonoaudióloga, de 59, por ela ter um marido fiel e apaixonado:

> Senti inveja quando você falou que, mesmo depois de trinta anos de casamento e de estar se sentindo velha, gorda e pelancuda, seu marido te elogia o tempo todo e ainda morre de tesão por você. Eu tive milhares de casos e de aventuras, mas nunca tive um companheiro que me valorizasse e me apoiasse. Todo mundo diz que eu pareço ter 38 anos, e que eu tenho o corpo de uma menina. E daí? Nunca consegui ter um marido fiel e apaixonado.

Apesar de o corpo ser um capital valioso, o marido é um capital ainda mais raro e desejado: é o "capital marital".

Na cultura brasileira, ter um marido parece ser um símbolo de poder, sucesso e superioridade feminina. É justamente por isso que, para determinadas mulheres, o marido — desde que seja fiel — é um verdadeiro capital.

"A mulher independente não aceita a divisão entre a esposa e a amante, entre a mulher da casa e a mulher da rua, entre a mulher para as obrigações familiares e a mulher para o prazer. Não aceita nem o papel de amante invisível, nem o de esposa traída. A mulher independente quer ser 'a número um'."

Em um mercado afetivo e sexual em que os homens fiéis são considerados raros, as amantes se consideram superiores às esposas traídas: elas são "a número um". Apesar de desejarem o "capital marital", o amante fiel é considerado um outro tipo de capital, menos valorizado do que o marido fiel, mas também valioso porque elas acreditam (ou precisam acreditar) que ele é 100% fiel.

Não tenho marido, mas sou feliz

Quando comecei as minhas pesquisas sobre amor, sexo e traição com o livro *A Outra: um estudo antropológico sobre a identidade da amante do homem casado*, em 1990, constatei que ter um marido é uma riqueza para grande parte das mulheres brasileiras: é o "capital marital" ou "o marido como capital".

Ao estudar situações em que determinadas mulheres se tornam amantes de homens casados ou são as esposas traídas, mergulhei no mundo de incontáveis mulheres que são enganadas, que sofrem por serem invisíveis, que desejam ser únicas, especiais, insubstituíveis, incomparáveis e inesquecíveis: "a número um".

As mulheres brasileiras estão buscando romper com as prisões externas e internas que provocam tanto sofrimento, tanta insatisfação e frustração. Um número cada vez maior está se divorciando e pondo um fim em casamentos infelizes. Grande parte das mulheres ainda deseja ter um marido, mas muitas brasileiras não aceitam mais a posição de esposa traída ou daquela que só fica com as migalhas de atenção, de amor e de sexo. Não basta ter o "capital marital", ele precisa ser um marido fiel e apaixonado.

"Não sou feliz, mas tenho marido", desabafou uma professora de 49 anos:

> Descobri que meu marido me trai com a secretária. Estou infeliz, frustrada e insatisfeita, quero me divorciar, mas a família inteira e até as minhas amigas me cobram para manter o casamento e a família unida. Sempre procurei cumprir as minhas obrigações: ser uma boa mãe, esposa e amante. Nunca recebi um só elogio, e ainda escuto: "Não faz nada além da sua obrigação como esposa e mãe."

Preciso salientar que a maior parte das mulheres que eu tenho pesquisado abomina a frase: "Não sou feliz, mas tenho marido." Algumas me disseram categoricamente: "Não tenho marido, mas sou feliz"; "Sou feliz, com ou sem marido"; "Sou feliz e não tenho marido"; "Sou feliz, mesmo sem ter um marido"; "Não preciso de marido para ser feliz"; "Sou feliz só porque não tenho marido"; "Sou feliz, apesar de ter marido" e outras variações do tema.

Se as brasileiras desejam tanto ter um marido fiel, por que algumas são amantes de homens casados?

Para compreender os discursos, comportamentos e valores das amantes de homens casados, entrevistei mulheres de diferentes gerações que viveram esse tipo de relacionamento considerado socialmente desviante.

Elas disseram que, especialmente após os 40 anos, é quase impossível encontrar um homem disponível no mercado. Elas preferem ter um companheiro, ainda que pela metade, do que se sentirem sozinhas, rejeitadas e fracassadas.

O discurso das amantes é construído a partir de uma oposição básica: liberdade *versus* obrigação. A amante seria a escolha livre, a esposa seria a obrigação.

Para as mulheres que eu pesquisei, a pior situação é a da esposa traída, não a da amante, pois elas se consideram "a número um", a companheira em todos os níveis — amoroso, sexual, profissional e intelectual. A esposa traída seria a verdadeira "Outra", já que aceita uma posição secundária, humilhante e dependente.

"Para a esposa traída só sobram as migalhas", disse uma professora de 68 anos:

Meu amante está comigo porque sou carinhosa, compreensiva, alegre. Ele reclama que a esposa é mandona, briga e grita demais. Sabe como ele chama a mulher? "Madame Mim", "bruxa", "megera". Ele precisa de alguém que ria das brincadeiras bobas que ele gosta de fazer. Nós dois rimos o tempo todo, coisa que ele não consegue fazer com a esposa, que está sempre reclamando, criticando, brigando e mendigando migalhas de atenção.

As amantes afirmaram que ficam com o filé mignon: conversas íntimas e divertidas, passeios, viagens, projeto profissionais, vida amorosa e sexual prazerosa. E o fundamental: elas acreditam que seus parceiros são 100% fiéis.

Como explicar a extrema valorização da fidelidade em uma relação extraconjugal?

"As mulheres independentes são mais conscientes das suas escolhas e não aceitam a posição de teúda ou de manteúda", afirmou uma psicóloga de 59 anos:

A vida inteira minha mãe aceitou passivamente que meu pai tivesse amantes. Ela não estudou, nunca trabalhou, sempre foi totalmente dependente. Sofreu demais com as traições, mas nunca se separou. Lutei para estudar e ser independente, nunca precisei de homem para pagar minhas contas, nunca dependi do meu amante para nada. A mulher independente não aceita a divisão entre a esposa e a amante, entre a mulher da casa e a mulher da rua, entre a mulher para as obrigações familiares e a mulher para o prazer. Não aceita nem o papel de amante invisível, nem o de esposa traída. A mulher independente quer ser "a número um".

A psicóloga não negou a frustração de ser amante de um homem casado, mas buscou justificar a situação mostrando as vantagens de viver uma relação baseada, exclusivamente, na vontade, no prazer e no desejo, e não em obrigações sociais, familiares e financeiras. Para ela, ser amante de um homem casado é uma escolha livre, e não um fracasso como mulher:

Qual é o segredo do nosso relacionamento durar tanto tempo? É simples: ele é completamente apaixonado e fiel. Todos os dias, ele me envia uma mensagem pelo WhatsApp: "Eu te amo, você é o amor da minha vida." Somos amantes há mais de dez anos e, desde o primeiro dia, ele faz questão de provar que sou seu único e verdadeiro amor.

"Tenho certeza de que meu amante é 100% fiel, ele é louco de tesão por mim", declarou uma empresária de 53 anos:

O melhor amigo do meu filho sempre me elogiava: "Como você é linda, que corpo maravilhoso você tem", e eu não dava bola, pois é um garoto de 23 anos que tem uma esposa de 21. Um dia, ele me deu um beijo no cangote e disse baixinho: "Morro de tesão em você." Não resisti. Somos amantes há mais de dois anos e ninguém sabe. Ele nem consegue mais transar com a mulher dele. Tenho certeza de que ele é 100% fiel. É o oposto do meu ex-marido, que sempre foi infiel.

As amantes pesquisadas enfatizaram que recebem provas constantes de que são "a número um": "Ele só transa comigo"; "Ele é 100% fiel"; "Ele não transa mais com a esposa"; "Tenho certeza de que sou a única mulher na vida dele".

Em um mercado afetivo e sexual em que os homens fiéis são considerados raros, as amantes se consideram superiores às esposas traídas: elas são "a número um". Apesar de desejarem o "capital marital", o amante fiel é considerado um outro tipo de capital, menos valorizado do que o marido fiel, mas também valioso porque elas acreditam (ou precisam acreditar) que ele é 100% fiel.

É instigante observar que, inclusive em uma relação em que a traição é evidente, a fidelidade permanece como valor fundamental. A infidelidade é percebida como sintoma de uma patologia ou insuficiência da relação. Não é uma questão moral ou obrigatória. É uma impossibilidade amorosa.

Como mostrei em *Por que homens e mulheres traem?*, existe uma distância considerável entre a expectativa de fidelidade e a prática da infidelidade, o que chamei de paradoxo da (in)fidelidade.

Qual seria o paradoxo da (in)fidelidade?

A fidelidade permanece como um valor nos relacionamentos até mesmo quando as pessoas são efetivamente infiéis. Pode-se pensar que é justamente porque as pessoas são, em grande parte, infiéis, que a fidelidade é tão valorizada.

A fidelidade pode ser vista como uma ilusão. Apesar de saber, mesmo que inconscientemente, que o outro é infiel, deseja-se acreditar que ele é 100% fiel.

"Sabe qual é o maior paradoxo? O cafajeste é o cara mais fiel do mundo. O homem que é mestre em ser infiel é considerado o cara mais fiel do mundo, porque sabe representar o papel de homem fiel para várias mulheres. Não é isso o que toda mulher quer? Acreditar que é a única? O cafajeste é o único cara que consegue transar com dez mulheres e fazer com que cada uma se sinta 'a número um' e acredite que ele é 100% fiel. É ou não é um paradoxo maluco?"

"Na minha idade, não tenho mais condição física, financeira e psicológica para ter casos e aventuras. As mulheres de hoje não aceitam um homem pela metade. Já se foi o meu tempo de ter amantes. Uma única mulher já reclama de tudo e exige demais de mim, imagina duas ou três? Que homem consegue ser infiel em tempos de feminismo? Apesar de os homens terem uma natureza poligâmica, trair não é um bom negócio: é arriscado, estressante e prejudicial à saúde. É uma questão de custo e benefício, o custo é sempre altíssimo. Sou fiel por preguiça: trair dá muito trabalho!"

Por que os homens traem?

Na minha pesquisa sobre amor, sexo e traição, 60% dos homens e 47% das mulheres afirmaram que já foram infiéis. Encontrei diferentes discursos entre os homens, que se classificaram como poligâmicos ou monogâmicos.

O poligâmico raiz

Tenho uma vida sexual intensa e prazerosa com minha esposa, mas, desde o primeiro ano do nosso casamento, sempre tive amantes. Não me sinto culpado, pois traição seria negar o meu desejo, tesão e atração por outras mulheres. Acredito que a fidelidade é uma violência cultural, pois, como todos os homens, sou poligâmico por natureza. Sou um homem fiel à minha natureza.

O poligâmico aventureiro

Não acho que é traição ter aventuras em viagens de trabalho, festas da empresa, farras com amigos. As mulheres dão mole, não consigo dizer *não*, é muita oferta no mercado. Mas é só brincadeirinha, não afeta meu casamento. Sexo casual não é traição, sexo virtual não é traição, sexo com garota de programa não é traição.

O poligâmico oportunista

Tenho cinco namoradas e ainda quero mais. Quero aproveitar a minha solteirice e transar com o máximo de mulheres que puder antes de casar. Não quero me arrepender no futuro de não ter aproveitado todas as oportunidades que tive. Quando eu encontrar a mulher certa e resolver casar e ter filhos, acho que vou me tornar um marido fiel. Mas será que irei negar fogo se pintar uma oportunidade irresistível?

O poligâmico vítima

Se minha mulher quisesse, eu transava com ela todos os dias. Eu não sou fiel por culpa dela. Ela está sempre exausta, indisposta, com TPM, com dor de cabeça, mal--humorada. Cada dia ela inventa uma nova desculpa só para não transar. Se eu transar só quando ela estiver com vontade, transaria só uma vez por mês e olhe lá. Que homem aguenta isso? Só se for brocha.

O poligâmico arrependido

Fui cantado por uma aluninha linda e acabamos transando. Foi uma grande cagada: minha mulher descobriu e quer se divorciar. Eu errei e me arrependi. Coloquei em risco a relação com o grande amor da minha vida. Eu devia ter resistido à tentação, controlado meu instinto animal. É coisa de homem: vaidade, ego, narcisismo. Tenho absoluta certeza de que todos os meus amigos teriam caído na mesma tentação se a gatinha desse mole para eles. A carne é fraca. É da natureza masculina.

O poligâmico cafajeste

Sabe qual é o maior paradoxo? O cafajeste é o cara mais fiel do mundo. O homem que é mestre em ser infiel é considerado o cara mais fiel do mundo, porque sabe representar o papel de homem fiel para várias mulheres. Não é isso o que toda mulher quer? Acreditar que é a única? O cafajeste é o único cara que consegue transar com dez mulheres e fazer com que cada uma se sinta "a número um" e acredite que ele é 100% fiel. É ou não é um paradoxo maluco?

O monogâmico igualitário

Não acredito que colocar uma coleira no pescoço garanta a fidelidade. Se eu quiser ser infiel, posso trair em viagens, na hora do almoço, nos aplicativos de paquera. Mas se eu amo a minha esposa e não quero perdê-la, por que iria trair? É o famoso livre-arbítrio. Vale para os dois lados. Prefiro saber que a minha mulher é fiel porque está feliz e satisfeita comigo do que por usar um cinto de castidade. Quando você ama, não precisa de coleira para ser fiel.

O monogâmico confiável

Mentiras e traições só provocam insegurança, ciúme excessivo e brigas constantes. Meus amigos me chamam de babaca quando digo que sempre fui e sempre serei fiel. Mas eu sei que, se eu trair, vou perder a confiança do meu amor para sempre. A confiança é o pré-requisito para um casamento feliz.

O monogâmico sucessivo

Casei e separei, casei e separei, casei e separei, casei e separei, casei e separei. Ufa! Casei cinco vezes, mas nunca traí. Assim que eu percebo que as coisas não estão indo bem, prefiro me separar. Meus amigos estão infelizes no casamento, mas não se separam. O casamento deles é só de fachada e as traições são válvulas de escape.

O monogâmico apaixonado

Se eu quisesse, poderia ter amantes, pois algumas mulheres adoram homens casados. Sou fiel por opção, não por obrigação. Sou completamente apaixonado pela minha mulher. Sei que é um milagre ter encontrado uma mulher tão maravilhosa. Só se eu fosse um idiota iria correr o risco de perder o amor da minha vida, a minha melhor amiga e companheira, por causa de uma trepadinha sem significado.

O monogâmico preguiçoso

Na minha idade, não tenho mais condição física, financeira e psicológica para ter casos e aventuras. As mulheres de hoje não aceitam um homem pela metade. Já se foi o meu tempo de ter amantes. Uma única mulher já reclama de tudo e exige demais de mim, imagina duas ou três? Que homem consegue ser infiel em tempos de feminismo? Apesar de os homens terem uma natureza poligâmica, trair não é um bom negócio: é arriscado, estressante e prejudicial à saúde. É uma questão de custo e benefício, o custo é sempre altíssimo. Sou fiel por preguiça: trair dá muito trabalho!

Muitos homens que entrevistei justificaram a infidelidade por meio de uma suposta "natureza masculina". Usar como desculpa a ideia de "natureza masculina" remete a uma conhecida fábula:

O escorpião pede ao sapo que o carregue para atravessar o rio. O sapo diz que tem medo de ser picado, mas o escorpião garante que não fará isso, pois, se picar o sapo, vai se afogar. O sapo concorda com o argumento. Mas, no meio da travessia, o escorpião dá uma picada no sapo. O sapo pergunta por que o escorpião fez isso, já que ele também iria morrer. E o escorpião responde: "Porque é da minha natureza."

Obviamente, não existe uma "natureza masculina" que faça com que os homens sejam infiéis. No entanto, eles abusaram da ideia de natureza para justificar suas traições. Será que eles pensam que são escorpiões, incapazes de controlar a própria natureza, apesar de correrem o risco de perder o grande amor de suas vidas?

"Quero um homem que me valorize, admire, respeite, elogie e sinta orgulho de mim. Um homem que seja carinhoso, romântico, atencioso, delicado e gentil. Um homem que saiba abraçar, beijar, dançar e fazer massagem. Um homem que converse, escute e tenha interesse nos meus projetos. Um homem que seja o meu melhor amigo e amante. Um homem que me ache bonita, sensual e gostosa. Um homem que me faça rir. Um homem que seja 100% fiel. Será que é exigir demais de um único homem?"

"No início do casamento, meu marido me tratava como uma princesa, tinha prazer em me agradar, adorava me fazer rir. Com o passar dos anos, tudo se tornou um enorme esforço e sacrifício. Ele se tornou um 'martirido': uma mistura de mártir com marido. Escutei tantas vezes que dou trabalho, que sou difícil, exigente e insatisfeita, que resolvi transar com um amigo que tem prazer e orgulho de ser meu homem. Sou infiel por vingança: meu marido mereceu um belo par de chifres. Lembra da peça *Perdoa-me por me traíres*, do Nelson Rodrigues? Meu marido é que deveria me pedir perdão por ser corno."

Por que as mulheres traem?

Apesar de os comportamentos não estarem tão distantes, uma vez que 60% dos homens e 47% das mulheres afirmaram que já foram infiéis, as diferenças foram gritantes quando elas apontaram os motivos da traição. Nenhuma mulher disse que traiu porque é "poligâmica por natureza", nem porque "pintou uma oportunidade". A maioria afirmou que deseja ter um único homem, que seja amante, marido, namorado, amigo, cúmplice, parceiro, companheiro e muito mais.

Por que, então, as mulheres traem?

A infiel exigente

Quero um homem que me valorize, admire, respeite, elogie e sinta orgulho de mim. Um homem que seja carinhoso, romântico, atencioso, delicado e gentil. Um homem que saiba abraçar, beijar, dançar e fazer massagem. Um homem que converse, escute e tenha interesse nos meus projetos. Um homem que seja o meu melhor amigo e amante. Um homem que me ache bonita, sensual e gostosa. Um homem que me faça rir. Um homem que seja 100% fiel. Será que é exigir demais de um único homem?

A infiel romântica

Meu marido não me elogia mais, não me beija mais na boca. No início do casamento, ele era um príncipe encantado, agora é um sapo. Meu amante sabe me escutar com atenção, diz que me ama e me elogia o tempo todo. O que mais me dá tesão é ele me tratar, todos os dias, como se fosse o nosso primeiro encontro e me dizer: "Eu te amo, minha princesinha linda, você é o grande amor da minha vida." Existe algo mais romântico?

A infiel narcisista

Com meu marido, eu me sinto invisível, ele parece que está transando com uma mulher genérica ou com uma boneca inflável. Tenho dois amantes para sempre que eu quero me sentir sexy, poderosa e gostosa. O que eu mais preciso é ter certeza de que sou única, especial, incomparável, insubstituível e inesquecível. Não é isso o que todas as mulheres querem?

A infiel brincalhona

Sou alegre, divertida e brincalhona, mas meu marido não gosta das minhas palhaçadas. Ele é muito crítico, sério, fechado e mal-humorado. Acha que preliminares são só cinco minutinhos de nheco-nheco na cama. Eu gosto de safadeza, de tudo o que meu amante faz para me seduzir durante as 24 horas do dia, especialmente as mensagens deliciosas que ele me envia por WhatsApp.

A infiel virtual

Meu marido é tão careta que não gosta que eu me masturbe com o vibrador. Não é à toa que tenho um amante virtual para realizar meus desejos. Quando meu marido vai dormir, fico horas no computador conversando com meu amante. Tenho mais intimidade com ele do que com o meu marido. Meu amante adora me ver tendo prazer com meus brinquedinhos.

A infiel militante

Os homens podem trair descaradamente e são chamados de gostosões, garanhões e pegadores. As mulheres quando traem são xingadas de putas, piranhas e vagabundas. Fui traída a vida inteira pelo meu marido. Cansei do papel de esposa doce, recatada e do lar. Hoje, transo com quem eu quero e foda-se o que os outros vão pensar.

A infiel possessiva

Meu marido nunca foi fiel, é da natureza dele. A sorte é que eu tenho um amante apaixonado. Morro de ciúme, preciso ter certeza de que ele transa só comigo, que tem tesão só por mim. Sou infiel porque quero o amor e o tesão de um homem loucamente apaixonado por mim.

A infiel vingativa

No início do casamento, meu marido me tratava como uma princesa, tinha prazer em me agradar, adorava me fazer rir. Com o passar dos anos, tudo se tornou um enorme esforço e sacrifício. Ele se tornou um "martirido": uma mistura de mártir com marido. Escutei tantas vezes que dou trabalho, que sou difícil, exigente e insatisfeita, que resolvi transar com um amigo que tem prazer e orgulho de ser meu homem. Sou infiel por vingança: meu marido mereceu um belo par de chifres. Lembra da peça *Perdoa-me por me traíres*, do Nelson Rodrigues? Meu marido é que deveria me pedir perdão por ser corno.

Para muitas mulheres, como mostrei em *Por que homens e mulheres traem?*, a culpa da traição é sempre do homem: seja por sua natureza infiel, seja por seus inúmeros defeitos, faltas e imperfeições.

É enorme a diferença entre os discursos masculino e feminino. Eles falaram de natureza masculina, essência, instinto animal, vocação, genética, oportunidade, galinhagem, hobby, brincadeirinha, coisa de homem. Nenhuma mulher falou de natureza feminina. Os motivos mais apontados por elas foram: vingança, insatisfação, frustração, carência, falta de reciprocidade, de reconhecimento, de romance e de beijo na boca.

Se é inquestionável que, nas últimas décadas, ocorreu uma revolução nas relações amorosas e sexuais, na questão da infidelidade parece continuar existindo um privilégio masculino. O homem é o único que é reconhecido como sujeito da traição. A mulher, até mesmo quando trai, parece se colocar como vítima que, no máximo, se vinga da traição masculina.

"Minha autoestima estava uma merda, estava me sentindo velha, acabada e invisível. Até que descobri o mundo do sexo virtual. Foi uma revolução na minha vida. Voltei a me sentir bonita, gostosa e sexy. Quando estou conectada com meu amante virtual, sou a melhor versão de mim mesma, sem medo, sem culpa e sem vergonha."

Sexo virtual é traição de verdade?

Uma relação à distância, só pelo computador, sem contato físico, abraço, beijo, penetração, é uma traição de verdade? Ter um amante virtual é uma traição de verdade?

Não sei quantas vezes já me perguntaram se sexo virtual é (ou não é) uma traição de verdade. Nunca sei como responder, pois acredito que a resposta depende do significado que cada um de nós atribui à ideia de traição.

"A traição virtual é uma traição de verdade e, ao mesmo tempo, não é", disse uma médica de 45 anos. É de verdade porque "eu tenho mais intimidade com o meu amante virtual do que com o meu marido". Mas não é de verdade porque "eu nunca transei com o meu amante fora do mundo virtual". Para ela, o amante virtual é um excelente remédio para a autoestima feminina:

Minha autoestima estava uma merda, estava me sentindo velha, acabada e invisível. Até que descobri o mundo do sexo virtual. Foi uma revolução na minha vida. Voltei a me sentir bonita, gostosa e sexy. Quando estou conectada com meu amante virtual, sou a melhor versão de mim mesma, sem medo, sem culpa e sem vergonha.

Apesar de acreditar que não está traindo o marido (já que é um namoro à distância, sem contato físico), ela revelou que a relação com o amante virtual é mais intensa, apaixonada e prazerosa do que com o marido:

Conversamos de madrugada, quando meu marido está dormindo. Por uma ou duas horas, eu me sinto de novo uma mulher jovem, bonita e sensual, consigo gozar e dar risada. Com meu amante virtual, posso usar outras armas de sedução: uma voz gostosa, uma conversa inteligente, uma provocação divertida. Não é mentira, falsidade e hipocrisia. É desejo, fantasia e imaginação. Fico com ele só quando estou com vontade, desligo o computador quando estou cansada, não corro o risco de contrair doenças, não tenho DR (discutir a relação) por bobagens. E, o mais importante, não estou traindo de verdade o meu marido.

Para compreender melhor se, para ela, ter um amante virtual é (ou não é) uma traição de verdade, perguntei:

Se você soubesse que o seu marido está se relacionando virtualmente com alguém exatamente como você está fazendo agora, você se sentiria traída?

A resposta foi categórica:

Sim, eu me sentiria profundamente traída, magoada, enganada, pois sempre acreditei que ele é fiel, e que sou a única mulher da vida dele. Seria o fim do meu casamento. A traição virtual seria a prova concreta de que não sou tão especial e única. Sei que estou sendo contraditória, mas valorizo a fidelidade do meu marido, a fidelidade do meu amante virtual e a minha própria fidelidade, já que não estou traindo de verdade.

Não é um paradoxo intrigante?

"A pior solidão é a solidão a dois. Meu marido me ignora, nem me beija mais na boca. É uma relação burocrática: no meio da transa, ele começa a falar de problemas no trabalho, de falta de dinheiro e da crise política. Não falta sexo aqui em casa, mas falta intimidade, romance e paixão. Cansei de ser uma mulher invisível, ignorada e transparente. Quero um homem que me elogie, me escute e me deseje. Quero um homem louco de tesão por mim. É querer muito?"

A insatisfação sexual e o mercado da traição

Basta uma rápida busca no Google para constatar que o Brasil se tornou um paraíso para o mercado de sites e aplicativos de traição.

"Site de traição cresce mais entre mulheres no Brasil" (14/3/2021)

"Site de traição cresce no Brasil e já tem duas mulheres para cada homem" (15/3/2021)

"Brasileira é campeã mundial em traição, mostra site de relacionamentos" (16/3/2021)

"App de traição para mulheres faz sucesso e chega agora ao Brasil" (19/4/2021)

"App de traição voltado para mulheres já possui 150 mil usuários no Brasil" (23/6/2021)

"Site de traições conjugais vive boom durante pandemia de Covid" (27/6/2021)

"'Boom da traição': aplicativo de encontros extraconjugais vê número de usuários no Rio quadruplicar em um ano" (12/2/2022)

"Brasil foi o segundo país com mais assinantes em site de traição em 2021" (3/3/2022)

Como mostrei anteriormente, a infidelidade conjugal tem significados diferentes para homens e mulheres. Para grande parte das mulheres, sexo virtual é traição, enquanto para a maioria dos homens só é traição quando ocorre penetração. Lembram-se da polêmica sobre o caso de Bill Clinton com a estagiária?

Mais do que saber o número de usuárias dos sites de encontros extraconjugais, procurei compreender o que as mulheres buscam nesses sites e aplicativos.

"Eu me inscrevi em um site de relacionamentos para pessoas casadas porque lá tudo é mais verdadeiro, ninguém finge que é solteiro, como no Tinder", afirmou uma jornalista de 39 anos:

Estava cansada da mesmice do meu casamento, das críticas, reclamações e brigas constantes. Me inscrevi para encontrar romance, intimidade, leveza, para fugir do desgaste da rotina infernal dentro de casa. Funciona como uma válvula de escape, para me sentir novamente desejada, desejável e desejante.

"Cansei de ser uma mulher invisível, a minha maior vingança foi me inscrever em um app de traição", contou uma psicóloga de 49 anos:

Sou mãe, esposa, profissional, mas, acima de tudo, sou mulher. Estou viva, plena, cheia de tesão, não sou uma velha acabada e aposentada do amor e do sexo. Quero tudo o que não tenho mais no meu casamento, principalmente ser elogiada e me sentir uma mulher bonita. A pior solidão é a solidão a dois. Meu marido me ignora, nem me beija mais na boca. É uma relação burocrática: no meio da transa, ele começa a falar de problemas no trabalho, de falta de dinheiro e da crise política. Não falta sexo aqui em casa, mas falta intimidade, romance e paixão. Cansei de ser uma mulher invisível, ignorada e transparente. Quero um homem que me elogie, me escute e me deseje. Quero um homem louco de tesão por mim. É querer muito?

Além de sexo, paixão, tesão e prazer, as mulheres desejam mais intimidade, romance, reconhecimento, reciprocidade, conversa, escuta e beijos na boca. Será que é querer muito?

"Por que não podemos gozar só por gozar? Os homens sempre pagaram pelo sexo, com prostitutas, garotas de programa ou amantes bem mais jovens Nós, mulheres, não temos a mesma liberdade de gozar. Tenho amigas que nunca experimentaram o prazer de um verdadeiro orgasmo."

Mulheres podem pagar para gozar?

Grande parte dos homens mais velhos que pesquisei teve a primeira relação sexual com prostitutas, garotas de programa ou com "a garota da rua que dava para todo mundo". Nenhuma mulher me disse que "perdeu a virgindade" com um profissional do sexo, com um garoto de programa ou com "o garoto que pegava qualquer uma". A maioria das mulheres mais velhas se casou virgem ou com o primeiro namorado. Em mais de trinta anos de pesquisas sobre amor, sexo e traição, só encontrei uma única mulher que falou abertamente que pagava por encontros com garotos de programa.

Em um dos grupos de discussão que organizei, uma empresária, de 58 anos, contou que se divorciou quando descobriu que a amante do marido estava grávida. Ela disse que o ex-marido, de 65 anos, logo se casou com a amante, de 23:

Foi uma verdadeira libertação. Depois de mais de três décadas de uma prisão confortável, decidi me livrar da tornozeleira que é o julgamento e a opinião dos outros. Ficamos juntos esse tempo todo por causa dos filhos e porque ele não queria dividir o patrimônio. O sexo sempre foi uma merda. Me arrependo profundamente de não ter me divorciado antes. Estou recuperando o tempo perdido. Desde a minha libertação, só transo com garotos de programa. É uma delícia ser livre e ter dinheiro para pagar por um sexo prazeroso sem qualquer compromisso e aporrinhação.

As outras mulheres do grupo sentiram inveja da empresária, não só pela coragem de falar sobre um tema tabu, mas, principalmente, por ela não ter medo, culpa ou vergonha de confessar seus desejos e fantasias sexuais. Ela afirmou que só descobriu o verdadeiro prazer após o divórcio:

Por que não podemos gozar só por gozar? Os homens sempre pagaram pelo sexo, com prostitutas, garotas de programa ou amantes bem mais jovens. Nós, mulheres, não temos a mesma liberdade de gozar. Tenho amigas que nunca experimentaram o prazer de um verdadeiro orgasmo.

Por que será que, até hoje, uma única mulher me confessou que paga por sexo? Lembrei-me do caso da empresária quando fui convidada para debater o filme *Boa sorte, Leo Grande*, na sua estreia nos cinemas brasileiros, em 28 de julho de 2022.

Antes da estreia, o filme já havia provocado um verdadeiro rebuliço nas redes sociais, especialmente entre as mulheres: "Nossa, que coragem da Emma Thompson, aos 62 anos, mostrar o corpo completamente nu em frente ao espelho."

É verdade, há uma cena impactante de alguns segundos em que Nancy, a protagonista interpretada por Emma Thompson, se despe da vergonha e descobre que pode apreciar a beleza do seu corpo, apesar de ser "barriguda e ter os seios caídos até o umbigo".

Outro alvoroço antes da estreia foi o fato de Nancy, uma professora aposentada, preconceituosa, reprimida e frustrada, nunca ter experimentado um orgasmo, nem com o marido, nem se masturbando. Após ficar viúva, ela decide contratar um profissional do sexo. Apesar de não ser rica, ela paga bem caro por quatro encontros com Leo Grande, interpretado pelo ator Daryl McCormack, de 28 anos.

O filme, de 1 hora e 37 minutos, com exceção de uma única cena, é uma conversa ininterrupta, intensa, tensa e reveladora entre Nancy e Leo em um quarto de hotel. As cenas de nudez e de sexo não chegam a cinco minutos do filme.

Como está se sentindo culpada, insegura e envergonhada, Nancy não para um só minuto de falar. Leo escuta atentamente, procurando compreender as necessidades, os medos e os desejos de uma mulher que nunca sentiu prazer com o próprio corpo e com a própria vida.

Casada por mais de trinta anos com o único homem com quem fez sexo até então, Nancy tem dois filhos que não têm o menor interesse por ela: um estudante de química entediante e uma filha que vive em uma comunidade de artistas e só telefona quando está com problemas ou precisa de dinheiro.

No primeiro encontro, Nancy, vestindo um tailleur preto e antiquado, demonstra vergonha e culpa por ter procurado um profissional do sexo. Ela conta que nunca teve orgasmo, nem sozinha, e que, depois que o marido morreu, decidiu nunca mais fingir.

Ela pergunta a Leo: "Qual é a pessoa mais velha com quem você já fez sexo? Qual a idade?" Ele responde: "82." Ela pergunta três vezes: "82?" Ele confirma e ela se sente aliviada: "Estou me sentindo um pouco melhor agora."

No segundo encontro, vestindo uma blusa leve e florida, Nancy está mais sorridente e confiante. Logo que entra no quarto do hotel, procura um pedaço de papel na bolsa.

"Fiz uma lista das coisas que gostaria que fizéssemos." Leo diz: "Parece sexy", e ela reage: "Não zombe de mim, sou uma professora." Ele pergunta qual é a primeira coisa da lista, e Nancy, após colocar seus óculos de leitura, enumera tudo o que quer fazer com Leo:

Número um: faço sexo oral em você. Número dois: você faz sexo oral em mim. Três: fazemos um 69, se é assim que se diz. Quatro: fico por cima. Cinco: fico de quatro.

Ela pergunta se o tempo que reservou — duas horas — é suficiente para fazer tudo o que está na lista. Leo fica assustado: "Você quer fazer tudo hoje?" Nancy responde que sim, e acrescenta: "Você é bem caro e não sei se vou poder pagar por uma nova sessão."

Em uma das cenas mais emocionantes do filme, Nancy confessa que sempre teve vergonha do seu corpo:

> Sempre tive vergonha de mim, do meu corpo, sempre consciente de que há algo errado com ele: coxas grossas, barriga, os seios caídos até o umbigo, meus braços balançam desde os meus 20 anos.

Nancy quer fugir e insiste que foi uma ideia idiota ter procurado Leo. Ele tenta acalmá-la: "Talvez você só queira conversar."

Mais do que a busca pelo prazer sexual, será que Nancy pagou tão caro apenas para ser escutada pelo jovem, belo e musculoso Leo Grande?

Nancy não suporta mais ser uma mulher invisível, frustrada e reprimida sexualmente. Nos quatro encontros com Leo, a professora aposentada, uma mulher preconceituosa, conservadora e extremamente infeliz, vai se transformando em uma mulher mais livre, sensual e realizada.

Emma Thompson, ao falar sobre o filme, disse que, até hoje, as mulheres são frustradas e reprimidas sexualmente:

> Nancy nunca teve um orgasmo, e não acho isso incomum, mesmo na vida moderna. Então ela decide, de repente, se libertar. Foi muito desafiador ficar nua, aos 62 anos.

Especialmente em um mundo em que as exigências feitas às mulheres são terríveis. As jovens atrizes com quem falo sugerem, inclusive, que existe uma espécie de tirania para fazer as mulheres perderem a autoconfiança.

O resto é spoiler e não posso contar, mas posso dizer que o filme não é sobre a nudez de uma mulher que sempre teve vergonha de ser "barriguda e ter os seios caídos até o umbigo", ou sobre uma esposa que finge orgasmo para acabar logo com o desprazer do sexo com um homem que ignora seus desejos.

Boa sorte, Leo Grande é sobre o processo de libertação de uma mulher que tem a coragem, ainda que tardiamente, de vencer o medo, a culpa e a vergonha de gozar a vida. É também sobre as prisões, os preconceitos e as frustrações de Nancy, que, ao se sentir livre pela primeira vez na vida, busca descobrir o próprio desejo e prazer, um prazer que ela sabia que existia, mas que nunca havia experimentado antes de conhecer Leo Grande.

"Por que fingimos orgasmos? Porque nos sentimos obrigadas a demonstrar prazer mesmo quando estamos sem vontade, disposição e tesão. Porque sentimos insegurança, vergonha e medo de perder o marido. Porque queremos que nosso homem se sinta feliz, amado e satisfeito. Porque não queremos criar um problemão e uma DR só porque estamos cansadas e queremos dormir. Porque é quase impossível uma mulher ter a coragem de dizer *não*. Porque somos proibidas de falar sobre o que nos dá prazer na cama. Porque não queremos que achem que somos frias, frígidas, neuróticas, histéricas e chatas. E por inúmeras outras razões que nós mesmas desconhecemos."

"Tenho uma amiga que finge tão bem que o marido acredita que ela tem orgasmos múltiplos. Que mulher está conseguindo ter orgasmos múltiplos em meio a tantas crises e tragédias? Não conheço uma única mulher que nunca fingiu um orgasmo. Até as que gostam de sexo já fingiram alguma vez na vida. Eu tenho fingido cada vez mais, pois estou estressada, sobrecarregada e exausta. Prefiro mil vezes uma boa noite de sono do que fazer sexo sem ter vontade. Qual é o problema?"

Por que as mulheres fingem orgasmos?

Quando perguntei às mulheres se elas já fingiram orgasmo, mais de 70% responderam que sim, especialmente quando estão exaustas, sem vontade de fazer sexo e querem agradar ao parceiro. Cerca de 20% fingem (quase) sempre porque querem acabar logo com a transa e dormir, e 3% fingem porque (quase) nunca conseguem ter orgasmo com o marido ou com o amante.

As mulheres fingirem orgasmos é algo tão comum que inspirou uma cena memorável do filme *Harry e Sally: feitos um para o outro,* de 1989. O mais famoso orgasmo do cinema se passa em um restaurante lotado de Nova York. No meio de uma discussão, para provar a Harry (Billy Crystal) que ele é incapaz de saber se as mulheres estão fingindo ou não, Sally (Meg Ryan) para de comer seu sanduíche e começa a gemer e simular um orgasmo. Uma mulher mais velha, que observou atentamente a apoteose da performance de Sally, imediatamente pede ao garçom: "Eu quero o mesmo que ela está comendo."

O que aconteceria com as relações amorosas e sexuais se as mulheres parassem de fingir? Será que existe alguma mulher que nunca fingiu?

Muitas mulheres me contaram que tentam evitar o sexo com as mais variadas desculpas: TPM, menopausa, dor de cabeça, cansaço, preocupações, problemas e doenças. Para uma professora de 47 anos, todas as mulheres fingem:

> Por que fingimos orgasmos? Porque nos sentimos obrigadas a demonstrar prazer mesmo quando estamos sem vontade, disposição e tesão. Porque sentimos insegurança, vergonha e medo de perder o marido. Porque queremos que nosso homem se sinta feliz, amado e satisfeito. Porque não queremos criar um problemão e uma DR só porque estamos cansadas e queremos dormir. Porque é quase impossível uma mulher ter a coragem de dizer *não*. Porque somos proibidas de falar sobre o que nos dá prazer na cama. Porque não queremos que achem que somos frias, frígidas, neuróticas, histéricas e chatas. E por inúmeras outras razões que nós mesmas desconhecemos.

Com bastante jeitinho, algumas vezes ela consegue dizer *não*:

> Meu amor, hoje eu estou com TPM, exausta, com dor de cabeça... Vamos deixar para transar bem gostosinho amanhã? Prometo que você não vai se arrepender, eu vou caprichar.

A professora confessou que fingir também é uma forma de evitar a infidelidade masculina:

Os homens não sabem que nem sempre ter orgasmo é sinônimo de sentir prazer, e que nem sempre sentir prazer é ter orgasmo. A obsessão pelo orgasmo pode atrapalhar outros prazeres, como os beijos apaixonados, os abraços aconchegantes, as massagens carinhosas, as declarações de amor, as conversas íntimas e as risadas gostosas. Conheço a natureza dos homens. Se eu não fingir que gozei, meu marido vai transar com uma periguete qualquer. Prefiro fingir a correr o risco de ser traída e trocada por uma periguete.

"Coitadinhos dos homens, eles são muito inocentes, bobos e ingênuos, nem imaginam que nós fingimos só para acabar logo e poder dormir", ela brincou:

Tenho uma amiga que finge tão bem que o marido acredita que ela tem orgasmos múltiplos. Que mulher está conseguindo ter orgasmos múltiplos em meio a tantas crises e tragédias? Não conheço uma única mulher que nunca fingiu um orgasmo. Até as que gostam de sexo já fingiram alguma vez na vida. Eu tenho fingido cada vez mais, pois estou estressada, sobrecarregada e exausta. Prefiro mil vezes uma boa noite de sono do que fazer sexo sem ter vontade. Qual é o problema?

Não acredito que os homens sejam tão inocentes, bobos ou ingênuos assim. Parece que existe um pacto implícito: as mulheres fingem que gozam e os homens fingem que acreditam que elas gozam.

Depois de mais de três décadas de pesquisas sobre amor, sexo e traição, cheguei à conclusão de que, para muitas mulheres — e talvez para muitos homens —, o sexo pode ser uma obrigação, um dever e um sacrifício. Por isso, fingem um prazer que não sentem.

Ao refletir sobre os motivos apontados pelas mulheres para fingir que gozam, lembrei-me do poema "Autopsicografia" de Fernando Pessoa: "O poeta é um fingidor. / Finge tão completamente / Que chega a fingir que é dor / A dor que deveras sente."

Enquanto as mulheres se queixam de falta de intimidade, escuta, conversa, confiança, atenção, admiração, reconhecimento, reciprocidade, respeito, romance e beijo na boca — além de uma lista enorme de faltas que inclui "falta de tudo" —, os homens, mais econômicos em suas respostas, reclamam de falta de compreensão, carinho e cuidado. Sempre falta algo. O que mais me chama a atenção é o fato de poucas mulheres reclamarem de falta de sexo.

Grande parte das mulheres que eu pesquisei busca válvulas de escape, e não exatamente por falta de sexo. Algumas encontram nos amantes virtuais tudo aquilo de que sentem falta no casamento: conversas profundas, elogios e a sensação de que são únicas e especiais. Outras, que se definem como heterossexuais, descobrem a verdadeira intimidade com outras mulheres. Há aquelas que buscam nos vídeos pornôs o prazer que não conseguem sentir com os maridos, além das que afirmam que seus brinquedinhos sexuais são os melhores amantes.

Viciadas em vídeos pornôs

No dia 10 de setembro de 2021, uma notícia teve grande repercussão na mídia, chegando a ser um dos assuntos mais comentados do Twitter: "Maitê Proença vive romance com Adriana Calcanhoto."

Segundo a revista *Veja*, a união de Maitê Proença, de 63 anos, e de Adriana Calcanhoto, de 55, "já não é segredo para os mais íntimos. A atriz e a cantora têm ido juntas a jantares, encontros e rodas de violão na casa dos amigos em comum, não escondendo o relacionamento das pessoas de seu convívio. Elas formam um casal e parecem bem felizes".

A *Veja* procurou Maitê, que não quis falar sobre a relação: "Não sou muito de abrir a minha intimidade, prefiro preservar alguns assuntos." Ela postou no seu Instagram: "Quando minhas intimidades são expostas, me recolho e rearrumo as paredes internas."

Por que tanto interesse na intimidade de Maitê?

Um comentário que li nas redes sociais me chamou a atenção:

Apesar de ter 63 anos e ser avó, a Maitê ainda gosta de sexo. Ela vivia reclamando da dificuldade de conseguir um novo amor. Será que é por falta de homem no mercado que a Maitê está namorando uma mulher?

É importante destacar, mais uma vez, a ideia de "falta de homem no mercado" e o uso do advérbio "ainda" para falar da sexualidade da mulher mais velha.

Desde 1990, quando publiquei meu primeiro livro sobre amor, sexo e traição — *A Outra: um estudo antropológico sobre a identidade da amante do homem casado* —, escuto a mesma queixa das mulheres "ainda" interessadas em amor e sexo: "Falta homem no mercado!" Quando não reclamam da falta de homem, elas reclamam das faltas em seus casamentos, especialmente da falta de intimidade.

Enquanto as mulheres se queixam de falta de intimidade, escuta, conversa, confiança, atenção, admiração, reconhecimento, reciprocidade, respeito, romance e beijo na boca — além de uma lista enorme de faltas que inclui "falta de tudo" —, os homens, mais econômicos em suas respostas, reclamam de falta de compreensão, carinho e cuidado. Sempre falta algo. O que mais me chama a atenção é o fato de poucas mulheres reclamarem de falta de sexo.

Talvez, nesse descompasso entre as frustrações femininas e masculinas, esteja a chave para compreender por que tantas mulheres reclamam da falta de intimidade no casamento.

"Eu só encontrei a intimidade íntima que eu tanto desejava com a minha melhor amiga", admitiu uma fisioterapeuta de 52 anos:

Eu nunca havia sido infiel no meu casamento de quase trinta anos, mas agora tenho uma amante. Nunca consegui ter intimidade com meu marido. Ele acredita que ter intimidade é poder andar pelado em casa, ir ao banheiro de porta aberta e fazer sexo duas vezes por mês. Só com a minha melhor amiga encontrei a intimidade íntima que sempre busquei. Nunca me senti tão compreendida por um homem, nunca me senti tão escutada por um homem, nunca me senti tão amada por um homem.

Para ela, "o melhor sinônimo de intimidade é amizade":

Intimidade íntima é uma maneira especial de estar junto, conversar, escutar, compartilhar o silêncio, uma profunda entrega e conexão emocional. O sexo com a minha melhor amiga vem depois de horas e horas de conversas profundas, risadas gostosas e escuta atenciosa. Ela sabe, coisa que meu marido nunca entendeu, que sinto mais prazer com carícias, risadas e beijos do que com trepadas sem intimidade.

Lembrei-me das frequentes queixas femininas quando li a matéria em *O Globo*, de 6 de setembro de 2022: "'Sou uma ex-viciada em pornografia': cresce número de mulheres que tentam se livrar da dependência de vídeos eróticos."

As mulheres se tornaram maioria na procura de serviços de saúde mental para se livrar do vício em vídeos eróticos no Reino Unido, diz a matéria. O mais interessante é que elas reclamam de problemas na intimidade sexual na vida real, além de diminuição de libido e de dor durante o sexo. Será que a falta de intimidade na vida real pode levar à dependência de vídeos eróticos?

Um levantamento feito pelo Pornhub, o maior site de conteúdo pornográfico do mundo, mostrou que um em cada três usuários é do sexo feminino. No Brasil, a porcentagem média de mulheres que acessam canais de pornografia é de 33%, maior do que a média mundial, de 25%.

Uma pesquisa realizada pela Virginia Commonwealth University, nos Estados Unidos, com 700 mulheres de 18 a 29 anos, revelou que mais da metade prefere a pornografia ao ato sexual. Elas afirmaram que a pornografia funciona como uma válvula de escape.

O que é, afinal, uma "válvula de escape"?

O termo vem da mecânica. É um instrumento que se abre automaticamente para saída de fluido, quando a pressão interna é muito grande e ultrapassa o nível de segurança. No sentido emocional, a expressão significa um meio de escapar de uma situação desgastante, quando precisamos de algum mecanismo para extravasar nossas insatisfações e frustrações. Assim, procuramos algum tipo de divertimento, passatempo, distração e compensação que funciona como substituto ou alívio ao estresse e à pressão.

Grande parte das mulheres que eu pesquisei busca válvulas de escape, e não exatamente por falta de sexo. Algumas encontram nos amantes virtuais tudo aquilo de que sentem falta no casamento: conversas profundas, elogios e a sensação de que são únicas e especiais. Outras, que se definem como heterossexuais, descobrem a verdadeira intimidade com outras mulheres. Há aquelas que buscam nos vídeos pornôs o prazer que não conseguem sentir com os maridos, além das que afirmam que seus brinquedinhos sexuais são os melhores amantes.

Por que será que as mulheres buscam válvulas de escape?

"É uma grande ilusão acreditar em casamentos sem faltas", disse uma psicóloga de 47 anos:

Todos os casais têm algum tipo de válvula de escape. As mulheres são bem mais exigentes do que os homens. Elas têm uma lista enorme de faltas no casamento, nenhum homem consegue satisfazer todas as demandas femininas. É um buraco sem fundo. O ideal seria ter mais intimidade e confiança para conversar abertamente sobre nossas insatisfações e frustrações, mas, infelizmente, é difícil ter maturidade para tanto. Sentimos medo de perder o amor, o tesão e a admiração do outro.

"O maior problema do meu casamento não é a falta de sexo, é a falta de intimidade", contou:

Meu marido não consegue conversar sobre nossos problemas sexuais, ele se sente ameaçado, inseguro e impotente. Nós não temos intimidade para conversar sobre sexo. Ele diz que brocha se eu começar a analisar nossa vida sexual. Então, prefiro fingir que gozo e, depois que ele dorme, vou direto para os sites pornôs com meu vibrador. Acho melhor ter uma válvula de escape do que um amante de verdade. Ele, com certeza, também deve ter uma válvula de escape.

Será que a insatisfação conjugal tem muito mais a ver com a falta de intimidade do que com a falta de sexo?

"Minha melhor amiga brinca que o vibrador é o amante ideal, pois sempre lhe dá prazer, sem cobranças, sem neuroses, sem doenças sexualmente transmissíveis. Perguntei se ela queria de presente de aniversário um vibrador mais caro e moderno, um sugador igual ao meu, pois o vibrador dela já está bem velhinho e é um modelo bem baratinho. Ela disse que não, pois é monogâmica e fiel ao seu amante de brinquedo."

"Quando descobri um vibrador na gaveta da minha mulher, fiquei muito inseguro e me senti dispensável, incompetente, descartável, rejeitado, fracassado, impotente e brocha. Mas cheguei à conclusão de que o vibrador é o melhor amante de uma mulher. Eu sempre me masturbo vendo vídeos pornôs. Por que me sentir ameaçado com o prazer que ela pode sentir com seu brinquedinho sexual?"

O vibrador é o melhor amante de uma mulher?

Pesquisadores dos Estados Unidos afirmaram, em um artigo científico publicado no *Journal of Urology*, que os médicos deveriam prescrever o uso regular de vibradores para as mulheres. Em vez de serem vistos como brinquedos sexuais, os vibradores deveriam ser considerados "dispositivos terapêuticos", já que trazem benefícios inquestionáveis para a saúde física e mental das mulheres.

Enquanto muitos negócios tiveram queda ou fecharam as portas durante a pandemia, o Brasil registrou um recorde na venda de produtos eróticos: só de março a maio de 2020, 1 milhão de vibradores foram vendidos, desde modelos simples de menos de 100 reais aos mais sofisticados de quase 2 mil reais.

Não é de hoje que as mulheres brasileiras adotaram os vibradores como brinquedos sexuais (ou como "dispositivos terapêuticos"). Quando foi lançada, em 1998, a série *Sex and the City* fez crescer as vendas do *rabitt*: um vibrador rosa, com um coelhinho que estimula o clitóris.

Em 2010, as vendas dos vibradores aumentaram com o sucesso do filme *De pernas para o ar*, com Ingrid Guimarães. A série *Grace e Frankie* mostrou, na temporada de 2017, duas amigas de mais de 80 anos, as atrizes Jane Fonda e Lily Tomlin, criando um vibrador especial para mulheres mais velhas com dor crônica e artrite reumatoide.

Desde a minha pesquisa sobre as amantes de homens casados, em 1990, o vibrador apareceu como um item necessário para garantir o prazer feminino. Muitas mulheres que eu entrevistei na época me contaram que tinham um vibrador na gaveta da mesinha de cabeceira para usar nos momentos em que se sentiam solitárias ou quando não conseguiam chegar ao orgasmo com o parceiro.

Mais de 20% das mulheres que eu pesquisei têm um vibrador para chamar de seu. Algumas me contaram que frequentemente fingem ter orgasmo para que o parceiro se sinta satisfeito e durma logo. Assim, elas podem usar o vibrador para chegar ao verdadeiro orgasmo. Outras me revelaram que, antes do vibrador, nunca tiveram orgasmo.

Recentemente, atrizes e apresentadoras brasileiras declararam que o vibrador é um grande aliado do prazer feminino. Eliane Giardini, de 69 anos, revelou que está vivendo uma fase de "solteirice sem pressão":

Não estou procurando, mas permaneço atenta. De qualquer forma, existem outras eficientes maneiras de se exercer o sexo o tempo todo. Vibradores, por exemplo: sabendo usar, não vai faltar bem-estar.

Ingrid Guimarães, de 50 anos, afirmou que o vibrador é um ótimo companheiro:

Acho maravilhoso voltar a se falar muito de vibrador, vender vibrador. Acho uma ótima ideia para a quarentena, principalmente para os solteiros se conhecerem, se tocarem e darem uma relaxada.

Bruna Marquezine, de 27 anos, admitiu que "tem outras maneiras de me satisfazer sozinha":

Não transo só pelo prazer. Se for só isso, tem outras maneiras de me satisfazer sozinha. Escuto muito: "Ser solteiro está foda!" Falo: "Gente, estamos em 2020, ninguém tem vibrador?"

Thaila Ayala, de 36 anos, contou que dá vibradores de presente até para a sua avó:

Que mulher não usa? Quando eu volto de Nova York, trago um saco cheio e saio distribuindo para as minhas amigas. Inclusive, já dei um para a minha avó e ela me agradeceu muito. Achei que ela fosse me dar um soco, mas ela se divertiu com a brincadeira.

Sabrina Sato, de 41 anos, comentou uma matéria que dizia que o vibrador vicia:

Me peguei pensando: "Será que sou viciada?" Tenho uma coleção enorme, é bom demais. O vibrador ajuda a mulher a se conhecer. Sempre fui bem livre no sentido de me tocar, de falar sobre o assunto. Quanto mais a mulher se conhecer, mais vai gozar e sentir tesão pela vida.

Ana Paula Tabalipa, de 44 anos, confessou que tem uma gaveta cheia de vibradores:

Gostaria de terminar a vida com um companheiro ou companheira, não no sentido de transar com ela. Porque para isso eu tenho uma gaveta de vibradores. Entre joia e vibrador, prefiro vibrador, que me dá mais prazer.

Fernanda Paes Leme, de 39 anos, quebrou seu vibrador de tanto usar:

De tanto usar, ele parou de funcionar. O vibrador tem me ajudado muito na quarentena. Na minha tomada, fica o carregador do celular e do vibrador. Está tudo tão difícil, a gente já está sozinha, se não puder gozar, se não puder se masturbar — essa palavra tem que ser normalizada —, vai ficar pior ainda.

Angélica, de 48 anos, defendeu que os vibradores são aliados do prazer e da intimidade do casal:

A maturidade traz segurança. Me sinto melhor hoje emocionalmente, espiritualmente e sexualmente. É você se tocar, se sentir. O vibrador e outras formas de se conhecer são ferramentas fundamentais até para o casal, para o relacionamento a dois. O vibrador pode ser um aliado e faz parte da intimidade do casal. A mulher não precisa ter vergonha de falar o que lhe dá prazer.

Para uma psicóloga de 45 anos, o vibrador é o símbolo da revolução sexual das mulheres:

Minha melhor amiga brinca que o vibrador é o amante ideal, pois sempre lhe dá prazer, sem cobranças, sem neuroses, sem doenças sexualmente transmissíveis. Perguntei se ela queria de presente de aniversário um vibrador mais caro e moderno, um sugador igual ao meu, pois o vibrador dela já está bem velhinho e é um modelo bem baratinho. Ela disse que não, pois é monogâmica e fiel ao seu amante de brinquedo.

"O vibrador assusta alguns homens porque mostra que as mulheres perderam o medo, a vergonha e a culpa de buscar o próprio prazer", ela argumentou:

É ridículo achar que o vibrador vicia e que pode substituir os homens. Nenhum vibrador substitui o abraço, a risada e a intimidade que tenho com meu marido. O vibrador não compete com os homens, não é uma ameaça à masculinidade, muito pelo contrário. Meu marido sempre brinca que o vibrador é o seu maior aliado, pois sou uma mulher sexualmente feliz graças ao meu amante de brinquedo.

Para um jornalista de 43 anos, "o vibrador é o melhor amante de uma mulher":

Quando descobri um vibrador na gaveta da minha mulher, fiquei muito inseguro e me senti dispensável, incompetente, descartável, rejeitado, fracassado, impotente e brocha. Mas cheguei à conclusão de que o vibrador é o melhor amante de uma mulher. Eu sempre me masturbo vendo vídeos pornôs. Por que me sentir ameaçado com o prazer que ela pode sentir com seu brinquedinho sexual?

Será que o vibrador é uma ameaça à masculinidade ou um aliado dos homens para alimentar a intimidade, o amor e o tesão no casamento?

Existe um abismo enorme entre ser fiel e fazer sexo porque "eu preciso" (por obrigação, coerção e medo de punição) e ser fiel e fazer sexo porque "eu desejo" (por vontade própria e por me sentir feliz de fazer meu marido feliz). A oposição entre os verbos "precisar" e "desejar" é uma chave preciosa para entender o sucesso ou o fracasso do pacto amoroso e sexual.

Será que agora, em vez de "até que a morte nos separe," na hora do *sim* vamos ser obrigados a prometer "até que o sexo quatro vezes por semana nos separe"?

Até que o sexo quatro vezes por semana nos separe

Uma suposta cláusula do contrato pré-nupcial de Jennifer Lopez e Ben Affleck se tornou manchete na mídia internacional e nacional em abril de 2022: "Acordo pré-nupcial de J.Lo e Ben Affleck cobra sexo quatro vezes por semana."

O contrato seria uma forma de J.Lo proteger sua fortuna de 400 milhões de dólares. Ela teria estabelecido uma regra de que o casal precisaria ter sexo ao menos quatro vezes na semana.

Sem entrar no mérito se a cláusula existe ou não, é interessante observar o rebuliço que ela causou.

Se Ben Affleck não conseguisse transar quatro vezes por semana, J.Lo receberia uma indenização milionária? Se o marido gozasse e ela não, como ficaria a situação? Se ele estivesse com problemas sérios no trabalho ou doente, teria direito a transar só três vezes na semana?

Descobri que o mesmo burburinho aconteceu quando os dois estavam prestes a se casar, em 2004. Só que, daquela vez, a cláusula teria sido exigida por Ben Affleck.

Na época, ele disse que tudo não passava de um boato. Poucos dias antes da cerimônia, os dois se separaram.

Boato ou não, a cláusula do sexo quatro vezes por semana é boa para pensar sobre o que podemos cobrar dos nossos cônjuges como obrigações que, caso não sejam rigorosamente cumpridas, seriam motivo não apenas de divórcio, mas também de indenizações milionárias.

Aqui no Brasil parece que a moda dos acordos pré--nupciais ainda não pegou como nos Estados Unidos. Por isso, encontrei mais notícias ou boatos na imprensa norte--americana sobre os pactos pré-nupciais entre famosos.

Catherine Zeta-Jones teria exigido uma indenização de 5 milhões de dólares caso houvesse traição por parte de Michael Douglas. Já Justin Timberlake teria que pagar 500 mil dólares a Jessica Biel em caso de infidelidade.

Priscilla Chan, esposa de Mark Zuckerberg, teria determinado por escrito que o marido era obrigado a ter pelo menos um encontro romântico com ela por semana, além de dedicar 100 minutos a ela quando estivesse fora de suas empresas.

Alguns contratos exigem que o marido ajude nas tarefas domésticas e no cuidado com os filhos. Em outros, o marido exige que a mulher não pese mais de 61 quilos.

Fiquei imaginando o que eu colocaria como cláusula a ser cumprida no meu contrato de casamento. Em vez de obrigar meu marido a transar quatro vezes por semana, exigiria que ele me fizesse dar risada todos os dias e que escrevesse cartinhas de amor antes de sair para o trabalho.

Perguntei ao meu marido que cláusula ele colocaria. Sem titubear, ele respondeu: "Cafuné e massagem dos pés à cabeça todos os dias de, no mínimo, uma hora. Não vale aperitivo de 15 minutos. Não quero mais nada, isso me basta."

No entanto, e aqui está um segredo que aprendi com minha própria vida e com minhas pesquisas, existe um abismo enorme entre ser fiel e fazer sexo porque "eu preciso" (por obrigação, coerção e medo de punição) e ser fiel e fazer sexo porque "eu desejo" (por vontade própria e por me sentir feliz de fazer meu marido feliz). A oposição entre os verbos "precisar" e "desejar" é uma chave preciosa para entender o sucesso ou o fracasso do pacto amoroso e sexual.

Posso exigir, cobrar, reclamar, ameaçar meu marido, e talvez ele faça sexo ou seja fiel por medo de me perder ou para evitar brigas e discussões. Mas, para nós dois, é essencial que o sexo e a fidelidade sejam resultados do amor, da confiança e do desejo, e não da obrigação de cumprir cláusulas contratuais. De que adianta fazer sexo ou ser fiel por medo de punições financeiras?

Será que agora, em vez de "até que a morte nos separe", na hora do *sim* vamos ser obrigados a prometer "até que o sexo quatro vezes por semana nos separe"?

Em uma sociedade em que impera a ditadura da juventude, é pouco provável que mulheres mais velhas escolham se casar com homens mais jovens. Não só porque elas acreditam que, em um mercado amoroso e sexual repleto de mulheres, um homem mais jovem não se interessaria por elas, mas porque elas se sentem envergonhadas, inseguras e desvalorizadas em função das marcas do próprio envelhecimento.

Por que os homens preferem as mulheres maduras?

Em uma sociedade em que impera a ditadura da juventude, é pouco provável que mulheres mais velhas escolham se casar com homens mais jovens. Não só porque elas acreditam que, em um mercado amoroso e sexual repleto de mulheres, um homem mais jovem não se interessaria por elas, mas porque elas se sentem envergonhadas, inseguras e desvalorizadas em função das marcas do próprio envelhecimento.

A maior parte das mulheres brasileiras deseja ter um marido mais velho, mais alto e mais rico, pois elas se sentiriam diminuídas se o homem fosse mais jovem, mais baixo e mais pobre. Elas são pressionadas a escolher um homem cujo valor esteja atestado no fato de que ele é superior à mulher.

Por que, então, algumas mulheres preferem se casar com homens mais jovens?

No livro *Por que os homens preferem as mulheres mais velhas?*, mostrei que a principal justificativa feminina para a escolha de homens mais jovens é: "Ele me faz sentir superior." Para uma empresária de 56 anos, "meu marido não enxerga a minha idade, mas a minha superioridade":

Ele tem 36 anos, mas nem enxerga a diferença de idade. Ele me elogia o tempo todo, diz que a minha inteligência é afrodisíaca, vive dizendo que sou mais bonita, divertida e gostosa do que qualquer garotinha.

Talvez por se sentirem inseguras em uma cultura em que a juventude feminina é um capital, elas precisem constantemente da prova de que são superiores, como mostrou uma enfermeira de 59 anos:

Eu não tenho ciúme dele, mas ele tem muito ciúme de mim. Quando estou trabalhando, eu ligo para ele: "Vai para a praia, vai ver bunda." Ele diz: "Não, eu quero ficar em casa, eu vejo a sua bunda quando você chegar." Ele é completamente louco por mim, nem olha para as periguetes que ficam exibindo a bunda e os peitinhos na praia. Como pode? Estou com quase 60 anos e ele acabou de fazer 30.

"Os maiores obstáculos e preconceitos com relação ao casamento com homens mais jovens são das próprias mulheres", disse uma jornalista de 53 anos:

Minha filha tem 33 anos e meu marido tem 32. Desde o início, ela foi sarcástica: "Seu novo filho?" Disse que eu era uma velha ridícula com um garotão que poderia ser o namorado dela. Minha mãe me criticou: "Você é muito mais velha, parece a mãe dele, isso aí é só sexo casual. Ele nunca vai levar a sério." Minhas amigas acharam que ele estava se aproveitando de mim. Sempre senti vergonha de ser mais velha e até hoje fico insegura e constrangida com os comentários preconceituosos das outras mulheres.

Já os homens não sentem vergonha ou constrangimento por serem casados com mulheres mais velhas, como mostrou um bancário de 34 anos:

Minha mulher tem 56 anos, o filho dela tem 33. Quando saímos os três juntos, sempre perguntam: "Seus filhos?" Ela morre de vergonha. Eu não esquento, digo só para sacanear: "Eu sou o filho mais velho dela." Aí dou um beijo na boca dela só para provar que tenho o maior orgulho de ser o marido dela.

"Minha mulher é imensamente superior às garotas chatas, ciumentas e infantis que eu namorei antes dela", declarou um ator de 45 anos:

Sempre me perguntam: "Por que você prefere as mulheres mais velhas?" É uma pergunta idiota, porque eu não prefiro uma mulher mais velha. Eu sou completamente apaixonado e morro de tesão pela minha mulher. Não é porque ela é mais velha, mas porque ela é inteligente, linda, gostosa, divertida, compreensiva e carinhosa. Seu único defeito é brincar que vou trocar ela por duas de 30 porque ela vai fazer 60. Toda hora, ela me pergunta:
— Você vai ter tesão em mim quando eu tiver 65?
— Lógico que sim, você vai continuar a gatinha de sempre.

— Você vai me querer aos 85?

— Lógico que vou, você vai ser uma coroa muito gostosa.

A insegurança feminina também foi apontada por um arquiteto de 42 anos:

Começamos a namorar quando eu entrei na faculdade. Ela tinha 46 anos, a idade da minha mãe. Agora, está com 66. Ela sempre achou que ia acabar logo, que eu ia querer uma mulher mais nova. Já estamos casados há vinte anos e ela continua insegura. Apesar de ser linda, brilhante e bem-sucedida profissionalmente, ela tem muita vergonha de ser mais velha. Como ela não reconhece que é mais bonita, atraente e admirável do que as mulheres mais jovens?

Ao inverterem a lógica da dominação masculina, que exige que os homens sejam superiores às mulheres em idade e em outros atributos (altura, poder, prestígio, dinheiro), os casais estudados parecem ter encontrado uma lógica compensatória.

Aparentemente, as mulheres dão mais do que recebem em termos de posição social, dinheiro, estabilidade e segurança. No entanto, os homens parecem dar o que as mulheres mais desejam: a sensação de que elas são superiores às mulheres mais jovens.

Os casais pesquisados afirmaram que um relacionamento que precisa superar tantos preconceitos e obstáculos sociais e familiares pode acabar se tornando mais satisfatório e feliz do que um casamento mais convencional. Os empecilhos que enfrentaram no início (e que ainda enfrentam) contribuíram decisivamente, segundo eles, para fortalecer ainda mais o amor, a confiança, a admiração, o companheirismo e o tesão que sentem um pelo outro.

Em um mercado matrimonial que é desvantajoso para as mulheres mais velhas, ter um marido fiel e apaixonado é apontado como motivo de satisfação. As mulheres pesquisadas demonstraram que, apesar dos preconceitos, dos medos e das vergonhas de serem mais velhas do que os maridos, podem se sentir duplamente vitoriosas e poderosas: não apenas por terem o "capital marital", mas, principalmente, por serem consideradas superiores às mulheres mais jovens. Em uma cultura em que a juventude é um capital, elas descobriram que ganharam amor, admiração e reconhecimento por outros tipos de capital que acumularam ao longo da vida.

Ao constatar a felicidade dos casais estudados, percebi que, em vez de perguntar por que determinados homens se casam com mulheres mais velhas, deveria questionar os motivos que levam a maioria dos homens brasileiros a se casar com mulheres mais jovens. Deveria também questionar as razões que levam grande parte das mulheres brasileiras a aceitar e fortalecer, com seus medos, inseguranças e vergonhas, os preconceitos e estigmas relacionados ao envelhecimento feminino.

O que é mais belo e atraente em Brigitte Macron é o fato de ser uma mulher independente, inteligente, madura, autêntica e espontânea. Ela não mudou seu estilo e comportamento por ter mais de 60 anos ou porque se tornou avó. Ela continua sendo ela mesma. E é exatamente isso o que querem as mulheres mais velhas que eu tenho pesquisado. Elas afirmam enfaticamente: "É o melhor momento de toda a minha vida, nunca fui tão livre, nunca fui tão feliz. É a primeira vez que posso ser eu mesma."

Por que o borogodó da Brigitte incomoda tanto?

Por uma feliz coincidência, a história de amor de Brigitte e Emmanuel Macron explodiu na mídia em maio de 2017, exatamente no momento em que meu livro *Por que os homens preferem as mulheres mais velhas?* chegava às livrarias. Nas inúmeras entrevistas que dei na época do lançamento, brinquei que o mais jovem presidente da história da França — Emmanuel Macron tinha 39 anos e Brigitte, 64 — era o melhor garoto-propaganda do meu livro.

Em *O Globo* de 24 de maio de 2017, o jornalista Ancelmo Gois enfatizou o fato de eu ter lançado o livro antes do tema virar moda:

VOCÊ SE CASARIA COM UMA MULHER 25 ANOS MAIS VELHA?

Não é só na França. O mundo inteiro comenta — e, nesses casos, sempre com uma pitada de preconceito — o fato de o novo presidente da França, Emmanuel Macron, ser casado com uma mulher, Brigitte Macron, 25 anos mais velha. Afinal, o mais comum é o contrário. Michel Temer, por exemplo, é casado com Marcela, 43 anos mais nova que ele. Semanas antes desse tema virar moda, a professora de Antropologia da UFRJ Mirian Goldenberg lançou o livro: *Por que os homens preferem as mulheres mais velhas?*

O melhor dessa história vem agora. Ela entrevistou 52 homens e mulheres, todos casados há, pelo menos, dez anos com uma diferença de idade também de, pelo menos, dez anos, e descobriu que nesse caso o casal é muito feliz:

— Esses casais enfrentam tantos preconceitos que acabam se fortalecendo, unindo-se mais. Enquanto nos casamentos considerados "normais" há muitas briguinhas, jogos de dominação, competição, neste casamento eles querem ter uma relação boa e prazerosa.

Mirian, que há trinta anos pesquisa assuntos ligados a todos os tipos de arranjos conjugais, ficou surpresa com o resultado do material:

— Durante esses anos todos, ouvi mulheres reclamando da mesma coisa: marido que não dá mais beijo na boca, que não é mais romântico. Nessa pesquisa, não ouvi esse tipo de reclamação. Eles não enxergam a idade. E elas ficam encantadas porque eles ainda têm muito desejo por elas, têm o pênis ereto.

Entre os casos citados no livro de mulheres que preferem homens mais jovens estão o de Susana Vieira, Elza Soares, Ana Maria Braga, Marília Gabriela e Elba Ramalho.

Na *Folha de S.Paulo* de 20 de junho de 2017, o jornalista Maurício Meirelles destacou que ganhei um garoto-propaganda para o livro:

A antropóloga Mirian Goldenberg ganhou um garoto-propaganda inesperado: o presidente francês Emmanuel Macron. Com 39 anos, o político é casado com Brigitte Marie-Claude Macron, 25 anos mais velha do que ele. O casal personifica a questão do novo livro de Mirian Goldenberg, *Por que os homens preferem as mulheres mais velhas?* A professora da Universidade Federal do Rio de Janeiro e colunista da *Folha* dedica-se a estudar os relacionamentos, os homens e as mulheres desde o fim dos anos 1980.

O recorte de seus estudos é sempre o de comportamentos "desviantes". Seu primeiro livro, *A Outra* (1990), sobre as amantes de homens casados, foi um best-seller à época.

"Esse novo estudo surgiu na pesquisa com 1.700 homens e mulheres para analisar as representações e os significados do envelhecimento. Por isso, realizei grupos de discussão para compreender essa questão dos homens mais novos casados com mulheres mais velhas", diz.

Depois de passar décadas estudando casamentos mais convencionais, a antropóloga tinha suas ideias preconcebidas sobre esse tipo de relação. Mas ficou surpresa com os resultados.

As mulheres, diz Mirian Goldenberg, sofrem muito mais com os estigmas e preconceitos de assumir uma relação do tipo. São críticas que vêm principalmente de outras mulheres — sejam amigas, desconhecidas ou familiares. Elas costumam ouvir que serão trocadas por uma mais nova ou que serão abandonadas na velhice. Ou que o homem é interesseiro.

"Dentro da lógica da dominação masculina, quem tem que ser superior é o homem. Elas interiorizam o preconceito, sentem vergonha e medo do olhar das outras mulheres", afirma a antropóloga.

Os homens estudados, por sua vez, não veem a idade das companheiras da mesma forma. Nas entrevistas, eles se referem a elas como mais compreensivas, carinhosas, atenciosas, maduras e inteligentes do que as mulheres mais novas.

"Eles veem superioridade nelas não pela idade, e sim pelo conjunto da obra. Mas não é uma superioridade que os inferioriza", explica.

A antropóloga comenta que o título do livro é uma provocação — naturalmente, os casais estudados são exceção. Ainda é mais comum homens buscarem mulheres mais jovens.

"A história do Macron é semelhante às dos homens que entrevistei. Ele lutou muito para ficar com Brigitte, no começo ela não queria, achava uma loucura", diz.

Por tudo o que escrevi no livro *Por que os homens preferem as mulheres mais velhas?*, fiquei empolgada quando recebi o convite da *Folha de S.Paulo*, em 6 de setembro de 2019, para escrever um artigo sobre os comentários ofensivos feitos por autoridades brasileiras da época sobre "a feiura de Brigitte Macron".

O artigo que escrevi para a *Folha* teve chamada na capa — "Preconceito liga envelhecimento de mulher à feiura" — na edição histórica de 7 de setembro de 2019. O destaque da capa foi a imagem do beijo gay de uma história em quadrinhos que provocou polêmica na Bienal do Livro do Rio de Janeiro de 2019: "Crivella tenta censurar HQ com beijo gay, mas é barrado."

Enquanto escrevia o texto que reproduzo a seguir — que ficou em primeiro lugar entre as colunas mais lidas, compartilhadas e comentadas no site da *Folha* —, uma pergunta não me saía da cabeça: será que, sem o borogodó da Brigitte, Emmanuel Macron teria sido eleito presidente da França?

POR QUE O BOROGODÓ DA BRIGITTE INCOMODA TANTO?

A primeira-dama da França liberta outras mulheres que querem envelhecer com mais liberdade

O corpo, no Brasil, é considerado um verdadeiro capital, especialmente para as mulheres. O corpo como capital é um corpo jovem, belo, magro e sensual.

Mostrei no livro *Por que os homens preferem as mulheres mais velhas?*, pesquisando casais em que os homens são pelo menos dez anos mais jovens do que suas parceiras, que os capitais mais valiosos nesses relacionamentos não são nem juventude nem corpo, muito pelo contrário.

O que os homens mais valorizam em suas relações, que são felizes e satisfatórias, é companheirismo, maturidade, cuidado, compreensão, carinho, bom humor, segurança e confiança. E eles dizem mais: essas características, eles só encontraram nas mulheres mais velhas com quem se casaram.

Nos casos estudados, a juventude não é considerada uma riqueza, uma vez que as mulheres mais jovens com quem eles se relacionaram antes foram consideradas dependentes, inseguras, controladoras, ciumentas e infantis.

É interessante destacar que, para determinados homens, as mulheres mais velhas são muito mais interessantes, bonitas e atraentes por terem capitais que as mais jovens não têm, como maturidade, carisma, sabedoria, bom humor, leveza, autoconfiança, equilíbrio, compreensão e, especialmente, o tal do borogodó.

Mas o que seria borogodó? É uma espécie de carisma, de atração, de ímã que essas mulheres têm e que seduz (quase) todas as pessoas.

Os casos recentes de homens que xingam mulheres mais velhas de feias são típicos de uma mentalidade machista e preconceituosa que associa o envelhecimento feminino à feiura.

É importante ressaltar que esses preconceitos e acusações com relação ao envelhecimento feminino não vêm só de homens. Muitas vezes as próprias mulheres são cruéis com as outras mulheres que envelhecem.

É só lembrar o caso da atriz Betty Faria, que, aos 72 anos, foi acusada por mulheres de ser uma velha ridícula por ir à praia de biquíni.

Nosso país está envelhecendo muito rapidamente. No entanto, os discursos, comportamentos e valores dos brasileiros ainda alimentam a crença de que apenas a juventude é bonita.

A geração de mulheres que está hoje com mais de 60 anos é a mesma geração que fez a revolução comportamental dos anos 1960 e 1970, que mudou tudo o que se pensava a respeito de casamento, de amor, de sexualidade, de corpo e que está inventando uma nova forma de envelhecer. Só que, como os valores resistem às mudanças, muitos homens e mulheres continuam enxergando feiura e não beleza na velhice.

O que é mais belo e atraente em Brigitte Macron é o fato de ser uma mulher independente, inteligente, madura, autêntica e espontânea. Ela não mudou seu estilo e comportamento por ter mais de 60 anos ou porque se tornou avó. Ela continua sendo ela mesma. E é exatamente isso o que querem as mulheres mais velhas que eu tenho pesquisado. Elas afirmam enfaticamente: "É o melhor momento de toda a minha vida, nunca fui tão livre, nunca fui tão feliz. É a primeira vez que posso ser eu mesma."

Brigitte é admirável, diria até invejável, porque nunca deixou de ser ela mesma. Aos 66 anos, ela continua com suas saias curtas, seus jeans justinhos e suas camisetas. E é considerada, sim, por muitos homens e mulheres, charmosa, elegante e muito bonita. Ela tem muito mais borogodó do que mulheres mais jovens que vivem para agradar e se exibir para os outros.

Em minha pesquisa, peço um exemplo de "bela velhice", e a atriz Fernanda Montenegro aparece em primeiro lugar. Quando pergunto o porquê, as respostas são sempre no sentido de dizer que ela é autêntica, digna, elegante, madura, segura, verdadeira. E ainda: "Ela não deixou de ser ela mesma, não se transformou em uma velha ridícula e plastificada. Ela sabe se vestir e se comportar de acordo com a idade que tem."

Quando peço um exemplo de homem que tenha envelhecido bem, em primeiro lugar aparece Silvio Santos, mas por motivos bem diferentes: ele tem sucesso, prestígio, dinheiro, poder e bom humor.

Quando pergunto sobre uma mulher que tenha envelhecido mal, aparecem exemplos de atrizes, cantoras ou apresentadoras de televisão que "namoram garotões", que "usam minissaias, roupas muito justas e decotes exagerados", que "são velhas ridículas que querem parecer garotinhas", ou que "fizeram tantas plásticas que ficaram deformadas e se transformaram em monstros".

Quando a pergunta é sobre o homem que envelheceu mal, eles não citam ninguém.

Na nossa cultura, as mulheres mais velhas são muito mais julgadas pelos seus comportamentos e por suas aparências. Tudo o que foge do padrão é condenado por homens e mulheres.

Então, quando dizem que uma mulher que envelhece é feia, simbolicamente estão falando muito mais do que da aparência física. Estão fazendo um julgamento moral sobre seu comportamento, sobre suas vestimentas, sobre o fato de escolherem se relacionar com homens mais jovens.

Brigitte se tornou um símbolo da luta pela liberdade das mulheres de várias partes do mundo por ter a coragem de ser ela mesma. Isso é o que muitos consideram ser a verdadeira beleza ou o tal do borogodó.

Quando uma mulher é livre para ser ela mesma, em todas as fases da vida, não só quando envelhece, ela está questionando os padrões que aprisionam as mulheres de todas as idades.

Mas, ao mesmo tempo que ela está incomodando, e muito, ela está libertando outras mulheres que querem envelhecer com mais liberdade, mais felicidade e mais autenticidade: sendo elas mesmas.

"Minha mulher tem 65 anos, mas tem mais borogodó do que muitas garotinhas, porque borogodó não depende do colágeno nem da bundinha durinha. Ela chega em qualquer lugar e rouba a cena, ilumina todo o ambiente, contagia com seu brilho, inteligência e alegria de viver. O que mais me encanta são suas risadas gostosas, ela brinca o tempo todo com os próprios defeitos e imperfeições. Sabe o que me dá mais tesão? Ela sabe rir dela mesma e me fazer rir, até mesmo nos momentos mais difíceis. As mulheres adoram uma DR: discutir a relação. Minha mulher prefere outro tipo de DR: dar risada. Não é isso o tal do borogodó?"

O paradoxo do borogodó

VOCÊ TEM BOROGODÓ?

No meu livro *Por que homens e mulheres traem?*, entrevistei uma jornalista de 45 anos. Ela confessou que era alvo da inveja das mulheres por ser livre, não ter filhos e poder transar com quem quisesse, como quisesse e quando quisesse.

As suas amigas casadas reclamam que o relacionamento conjugal é uma mesmice, uma rotina; que gostariam de ter tido mais experiências sexuais; que não existe mais romance com o marido; que a vida sexual é medíocre e insatisfatória; que os filhos só criticam e reclamam de tudo; e, principalmente, que estão exaustas, frustradas e deprimidas porque não têm tempo para cuidar de si mesmas. Elas se sentem aposentadas compulsoriamente de uma vida mais livre, feliz e satisfatória, principalmente no domínio amoroso e sexual.

As suas amigas solteiras sofrem com a falta de fidelidade, de intimidade e de confiança nas relações amorosas e sexuais. Elas reclamam que falta homem no mercado.

A jornalista me contou: "Para as minhas amigas, eu sou quase um mito, já que acham que estou sempre namorando, transo todos os dias e nunca reclamo dos meus homens. Só que eu fico com homens com quem elas jamais pensariam em ficar. Não ligo se eles nunca ouviram falar de Simone de Beauvoir ou se têm um salário menor do que o meu. O que me interessa é se eles são carinhosos, me respeitam e me tratam como uma mulher especial."

Ela relatou o caso de uma amiga bem mais jovem e bonita: "Uma madrugada, ela me ligou para reclamar que eu tinha ficado com um músico que ela estava paquerando. O cara, que estava na minha cama, pois tínhamos acabado de transar, tentou explicar por que tinha ficado comigo e não com ela."

O músico, de 33 anos, disse: "Mulher chata e insegura, que quer se fazer de menininha, não tem borogodó. Mulher ansiosa, ciumenta e carente demais, desesperada para agarrar um homem, não tem borogodó. Mulher preocupada com rugas, estrias e celulites não tem borogodó. Borogodó tem a ver com amor-próprio, com se sentir bem na própria pele, com autoconfiança. Algumas mulheres são lindas, mas não têm borogodó. Outras, mais velhas e nem tão bonitas, são muito mais poderosas, atraentes e interessantes. E, obviamente, têm muito mais borogodó."

O músico concluiu: "Até pensei em ficar com sua amiga, mas ela estava fazendo um esforço tão desesperado para me seduzir que logo desisti. Quando você chegou, ela sumiu do mapa. Fiquei encantado com seu sorriso, seu olhar e sua inteligência. Você tem borogodó, ela não. Simples assim. O próprio fato de a sua amiga ligar de madrugada para reclamar que eu fiquei com você prova a minha teoria. Mulher chata não tem borogodó."

E você? Tem ou não tem borogodó?

A crônica "Você tem borogodó?", reproduzida aqui, foi publicada na *Folha de S.Paulo*, em 14 de janeiro de 2014.

Você sabe o que é borogodó?

Borogodó é um algo a mais, um poder de atração mágico e inexplicável que ilumina, hipnotiza, magnetiza como um ímã, um brilho que vem de dentro e faz uma pessoa aparentemente comum — jovem ou velha, bonita ou feia, magra ou gorda, alta ou baixa — se destacar no meio da multidão. Ninguém consegue definir direito o que é borogodó, mas todo mundo sabe quando alguém tem (ou não) borogodó. Daí o seu doce e irresistível mistério.

Para tentar explicar o que é borogodó, criei a seguinte fórmula:

Borogodó = carisma + poder de atração + humor + inteligência + brilho + um algo a mais sem explicação

Carisma seria, então, o melhor sinônimo de borogodó? Após entrevistar 100 homens e mulheres sobre o tema, passei a acreditar que o borogodó é uma qualidade ainda mais rara e preciosa do que o carisma. Cheguei à conclusão de que, no Brasil, o borogodó é um verdadeiro capital.

O borogodó, como disse uma jornalista de 45 anos, é um poder inexplicável, um dom extraordinário, uma espécie de graça divina:

Morro de inveja de uma amiga que tem um baita de um borogodó. Todos os homens ficam loucos por ela. Não sei se é a voz rouquinha e o sorriso doce ou o fato de ser carinhosa e atenciosa com todo mundo. Tem um jeitinho simples e autêntico que a torna irresistível. Ela brilha tanto que eu me sinto invisível. Eu me sinto o ó do borogodó.

Para uma atriz de 65 anos, o borogodó só aumenta com o passar do tempo:

Sempre fiz sucesso com os homens e ainda faço até hoje. Comi todos os homens que eu quis, e não foram poucos. Não importa se estou velha, gorda, flácida, pelancuda, cheia de rugas, estrias e celulites. O que faz diferença é a coragem de ser eu mesma, não ter vergonha do meu corpo nem da minha idade. A coragem de ser eu mesma é o meu maior borogodó.

Seu marido, um fotógrafo de 40 anos, disse que ela é "a rainha do borogodó":

Minha mulher tem 65 anos, mas tem mais borogodó do que muitas garotinhas, porque borogodó não depende do colágeno nem da bundinha durinha. Ela chega em qualquer lugar e rouba a cena, ilumina todo o ambiente, contagia com seu brilho, inteligência e alegria de viver. O que mais me encanta são suas risadas gostosas, ela brinca o tempo todo com os próprios defeitos e imperfeições. Sabe o que me dá mais tesão? Ela sabe rir dela mesma e me fazer rir, até mesmo nos momentos mais difíceis. As mulheres adoram uma DR: discutir a relação. Minha mulher prefere outro tipo de DR: dar risada. Não é isso o tal do borogodó?

Para ele, o borogodó é paradoxal:

Trabalho com mulheres lindas que são arrogantes, desagradáveis e insuportáveis. Aquele tipo de mulher narcisista que deve se perguntar o tempo todo: "Espelho, espelho meu, será que existe alguém com mais borogodó do que eu?" Sabe qual é o paradoxo do borogodó? Se uma mulher se achar cheia de borogodó, pode ter a certeza de que está diante de uma chata sem um pingo de borogodó. Ela é, na verdade, só o ó do borogodó.

Sei que você deve estar se perguntando agora: "Será que eu tenho borogodó?"

Se depois de ler sobre o paradoxo do borogodó você responder *sim*, é provável que não tenha. Se responder *não*, não deve ter, pois os outros já teriam dado provas do poder do seu borogodó. Mas se responder *não sei*, talvez você faça parte do universo das raras pessoas encantadoras que têm esse tal de borogodó. Ou será que você é só "o ó do borogodó"?

"Morro de inveja de uma amiga que tem um baita de um borogodó. Todos os homens ficam loucos por ela. Não sei se é a voz rouquinha e o sorriso doce ou o fato de ser carinhosa e atenciosa com todo mundo. Tem um jeitinho simples e autêntico que a torna irresistível. Ela brilha tanto que eu me sinto invisível. Eu me sinto o ó do borogodó."

"Trabalho com mulheres lindas que são arrogantes, desagradáveis e insuportáveis. Aquele tipo de mulher narcisista que deve se perguntar o tempo todo: 'Espelho, espelho meu, será que existe alguém com mais borogodó do que eu?' Sabe qual é o paradoxo do borogodó? Se uma mulher se achar cheia de borogodó, pode ter a certeza de que está diante de uma chata sem um pingo de borogodó. Ela é, na verdade, só o ó do borogodó."

O ó do borogodó

O que é, afinal, "o ó do borogodó"?

Para os 100 homens e mulheres que entrevistei, "o ó do borogodó" é uma pessoa chata, desagradável, insuportável, intrometida, inconveniente, invejosa, incontinente, intolerante, verborrágica, matraca, gralha, tagarela, papagaia, prolixa, compulsiva, competitiva, doente, tóxica, histérica, neurótica, ansiosa, fofoqueira, maledicente, desagradável, implicante, irritante, narcisista, ególatra, egoísta, arrogante, prepotente, metida, detestável, desprezível, repulsiva, nojenta, antipática, destrutiva, negativa, absurda, pavorosa, péssima, horrível, ruim, ridícula, babaca, escrota, maluca, louca, falsa, mentirosa, vampira, parasita, víbora, peçonhenta, venenosa, sem noção, sem limite, ignorante, burra, preconceituosa, energúmena, perversa, sádica, fascista e muito mais.

Como seria impossível registrar aqui todos os tipos de pessoas consideradas "o ó do borogodó" — ou a sua forma reduzida "uó" —, irei mencionar somente alguns dos exemplos citados.

Uó insuportável

Borogodó é uma gíria tipicamente brasileira que, como a palavra *saudade*, não tem tradução. Borogodó tem um encanto feminino, no som, no ritmo, na musicalidade, na poesia. O ó do borogodó é o oposto, é o fim de tudo, já que o ó se refere à última letra de borogodó. O ó do borogodó é gente grudenta, que fala sem parar e tem uma voz de gralha esganiçada. Gente chata que manda pelo WhatsApp mensagens gigantes e áudios de 10 minutos que eu deleto sem ouvir. Gente fofoqueira que liga de madrugada para choramingar e reclamar da vida e, como eu não atendo, liga mil vezes até eu bloquear o número dela.

Uó invejosa

No trabalho, convivo com a víbora mais peçonhenta que existe. Mal abro a boca e a escrota me agride: "Eu discordo de você." Parece que tem um único objetivo: me diminuir na frente de todo mundo. Sinto nojo da sua ânsia de se autopromover destruindo os outros, sempre se achando superior a todo mundo e vomitando o seu currículo de merda. Quando lancei meu livro, fui a todos os jornais, revistas, programas de rádio e de televisão. Foi um enorme sucesso. No lançamento, que estava abarrotado de gente, olha a primeira pergunta que a uó me fez: "É verdade que você foi convidada para ir ao programa do Faustão?"

Uó intrometida

Tem uma fofoqueira no meu prédio que não tem o menor semancômetro: se mete na vida dos vizinhos, fala mal de todo mundo, dá umas gargalhadas estridentes, usa um perfume insuportável, posta milhares de fotos no Instagram e reclama que não curti. Ela tem uma mania irritante: fala tudo no diminutivo. "Minha lindinha, queridinha, fica só mais um minutinho para tomar um cafezinho e comer um pedacinho do meu bolinho." Tenho vontade de gritar: "Você pensa que é boazinha, mas é uma pentelhinha chatinha. Você é o ó do borogodó!"

Uó inconveniente

Na minha família, tem uma criatura que é o ó do borogodó: aparece em casa para jantar sem avisar, me dá uma lista enorme de coisas para comprar quando viajo, pega meus livros e nunca devolve, pede dinheiro emprestado e nunca paga. Quando vamos comer fora, trata mal os garçons, reclama que a comida está fria, bebe demais, faz piadas ofensivas, e, no final, nunca paga a parte dela. Fica tentando me convencer a botar dinheiro em projetos mirabolantes, e nunca concretiza porra nenhuma. A culpa nunca é dela: é do mundo, do governo, da família, dos amigos.

Uó incontinente

Namorei uma pessoa que sofre de incontinência verbal. Ela perguntava como eu estava, mas nem escutava a resposta. Parecia que gozava com o próprio blá-blá-blá. Ansiosa demais, não sabia calar um só segundo e me escutar. Logo no primeiro dia de namoro, eu avisei: "Você precisa aprender a colocar ponto e vírgula nas frases", porque ela é tão verborrágica que eu não aguentava. Lógico que terminei o namoro. Descobri que tenho alergia de gente chata que é o ó do borogodó. Existe chatofobia, fobia de gente chata?

Uó intolerante

Sabe o que é o ó do borogodó? Gente que se acha superior e dona da verdade, que não aceita a liberdade de escolha de quem pensa diferente, e quer impor autoritariamente a sua visão do que é certo e errado, bom e ruim, bonito e feio. Gente machista, preconceituosa, intolerante e ignorante, que está sempre patrulhando os comportamentos femininos, cagando regras do tipo: mulher mais velha não pode usar biquíni e saia curta, não pode mais namorar e brincar no Carnaval, não pode vestir roupas justas e decotadas, não pode fazer tatuagem, não pode deixar o cabelo comprido e usar franja, não pode pintar o cabelo de azul ou rosa, não pode isso, não pode aquilo. É este tipo de gente que é o ó do borogodó.

Somos as campeãs da insatisfação com nossos corpos quando comparadas com mulheres de outros países: as brasileiras são as mulheres que mais deixam de sair de casa, ir a festas e até mesmo de trabalhar quando se sentem feias, gordas e velhas. Não é por acaso que as brasileiras são as maiores consumidoras mundiais de remédios para dormir, ansiolíticos, anti-depressivos, remédios para emagrecer, moderadores de apetite, cirurgias plásticas estéticas e tinturas para cabelo.

Por que as mulheres criticam, julgam e condenam o que as torna diferentes, únicas e especiais? Por que sentem tanto medo, culpa e vergonha de envelhecer? Por que não têm a coragem de dizer *não* para os preconceitos, modismos e patrulhas?

A Revolução da Bela Velhice

A pandemia chegou e provocou a aceleração de uma tendência que eu já vinha acompanhando nas minhas pesquisas: não pintar o cabelo branco entrou na moda, especialmente em um determinado grupo de mulheres famosas, no Brasil e no exterior.

Os discursos, comportamentos e valores associados ao envelhecimento feminino mudaram tão radicalmente que o cabelo branco está deixando de ser um estigma e passando a ser uma riqueza — um verdadeiro capital — para determinadas mulheres.

Esse novo modelo de beleza é recente no Brasil, e talvez por isso as mulheres ainda sejam criticadas quando assumem seus fios brancos. Um país que valoriza a juventude e despreza a velhice vai demorar algum tempo para entender que o cabelo branco não representa a aposentadoria do amor e do sexo, a decrepitude e o descuido com o próprio corpo, aparência e saúde.

Não podemos esquecer que o cabelo colorido sempre foi um signo de beleza, principalmente no Brasil, onde a juventude é um verdadeiro capital. Aqui, as mulheres, diferentemente de mulheres de outras culturas que estudei (como as alemãs, por exemplo), estavam, antes da pandemia, aprisionadas à obrigação de frequentar o salão de beleza uma ou duas vezes por semana.

Estamos enfrentando uma situação paradoxal. De um lado, somos aplaudidas quando nos libertamos das tinturas. De outro, somos criticadas por exibir os sinais do nosso envelhecimento. Sofremos o massacre de uma cultura que nos torna invisíveis e nos proíbe de envelhecer com liberdade e autonomia.

As mulheres, dependendo de suas escolhas, passaram a sofrer cobranças completamente opostas. Quando pintam o cabelo branco, escutam: "Por que você pinta o cabelo? Por que você não assume a idade que tem?" Quando deixam os fios brancos, a cobrança pode ser ainda pior: "Por que você não pinta o cabelo? Você quer parecer uma velha preguiçosa, desleixada e sem vaidade?"

São muitas as cobranças das próprias mulheres, como revelou uma psicóloga de 45 anos:

Antes da pandemia, minha mãe me atormentava com cobranças: "Por que você não pinta o cabelo branco? Quer ficar uma velha decrépita? Você se aposentou como mulher? Não tem mais vaidade?" Ela me xingava de preguiçosa, desleixada, acabada, feia, horrorosa e ridícula.

Aos 65 anos, a mãe parou de pintar o cabelo:

Ela, que não deixava um só fio branco, começou a cobrar das amigas que pintam o cabelo, dizendo que as mulheres têm que se libertar dessas prisões machistas. Agora, ela trata as mulheres que pintam o cabelo como traidoras do movimento feminista. De qualquer lado que estiver, está sempre patrulhando as escolhas das mulheres.

Por que as mulheres criticam, julgam e condenam o que as torna diferentes, únicas e especiais? Por que sentem tanto medo, culpa e vergonha de envelhecer? Por que não têm a coragem de dizer *não* para os preconceitos, modismos e patrulhas?

Somos as campeãs da insatisfação com nossos corpos quando comparadas com mulheres de outros países: as brasileiras são as mulheres que mais deixam de sair de casa, ir a festas e até mesmo de trabalhar quando se sentem feias, gordas e velhas. Não é por acaso que as brasileiras são as maiores consumidoras mundiais de remédios para dormir, ansiolíticos, antidepressivos, remédios para emagrecer, moderadores de apetite, cirurgias plásticas estéticas e tinturas para cabelo.

Um exemplo da ambiguidade feminina em relação ao cabelo branco é o da cantora Fafá de Belém, de 66 anos. Em 23 de julho de 2020, ela disse que estava amando seus fios brancos:

Estou adorando. É uma libertação. A mulher ainda sofre tabu com isso, tipo: homem pode, mulher não. Agora as mulheres estão tendo essa coragem. Fortalecemos umas às outras.

Alguns meses depois, no dia 5 de março de 2021, ela postou um pedido de desculpa no seu Instagram:

Esse vídeo é um pedido de desculpa. Quando eu deixei meu cabelo ficar branco, eu sei que eu frustrei algumas expectativas, porque todo mundo está acostumado a me ver de cabelão, castanho, uma coisa mais brasileira. Então, eu peço desculpa a você que de alguma forma se sentiu frustrado ou ofendido, porque eu falo de idade, né? Peço desculpa, mas vou deixar por um tempo ele branco.

Não precisava pedir desculpa, Fafá. Quanto mais mulheres se sentirem plenas e bonitas com as cores que quiserem, mais rapidamente irá se transformar o olhar da sociedade sobre a diversidade da beleza na maturidade. Cada mulher que se liberta, liberta outras que são prisioneiras dos próprios medos, preconceitos e inseguranças.

Cabelo branco, cinza, amarelo, laranja, marrom, preto, vermelho, azul, rosa, verde, roxo, lilás, dourado, prateado?

Tanto faz! Como mostrei no livro *Liberdade, felicidade e foda-se!*, as mulheres têm provado que, para serem mais livres, felizes e bonitas, é necessário ligar o botão do foda-se e dizer *não* para as pressões, cobranças, censuras e críticas das próprias mulheres. Essa é a verdadeira Revolução da Bela Velhice.

"O humor é mais importante do que o amor, porque o amor acaba, mas o humor deve continuar para o resto da vida. A gente tem que se casar com alguém que nos faça rir. Aqueles caras sérios, Deus me livre! E outra coisa: a pessoa mais importante da sua vida é você mesma. Em primeiro lugar vem você, os seus projetos e os seus desejos."

"Tem uma vantagem de ser velha: a gente ganha uma sabedoria a mais. E temos de viver o que nos resta de uma forma feliz, rir muito e nos divertir mais. É por aí que encontramos a felicidade. Seja mais alegre, tenha menos mágoa das coisas, tenha menos azedume, porque esse azedume vai te acompanhar até a velhice e aí você vai ficar insuportável. Pare de julgar e ria mais."

A arte de gozar

Em outubro de 2019, tive a alegria de conhecer as Avós da Razão em um congresso em São Paulo onde falei sobre a "Revolução da Bela Velhice: projetos de vida, a importância da amizade e a busca da felicidade".

Helena tem 94 anos, Sonia, 84, e Gilda, 80. Elas se tornaram as Avós da Razão quando, em 2018, Cassia, de 58 anos, teve a ideia genial de criar um canal no YouTube reproduzindo as conversas das três amigas nas mesas dos botecos. Assim, elas iniciaram uma nova carreira: a de youtubers e influenciadoras digitais. Era uma brincadeira: Avós da Razão ou A Voz da Razão?

O que as Avós da Razão mais gostam de fazer hoje é o que sempre fizeram em mais de meio século de amizade: gozar a vida, gozar dos outros e, principalmente, gozar de si mesmas.

Só para dar um gostinho da "arte de gozar" que estou aprendendo com elas, transcrevo a seguir trechos de dois episódios do canal das Avós da Razão no YouTube.

Episódio 1 — Um sonho de Sonia

Eu sonhei um sonho muito estranho: eu estava em uma manifestação de peidos. Eu estava muito empolgada com a manifestação, mas, ao mesmo tempo, eu tinha uma grande preocupação com o efeito estufa. Imagina sonhar com o efeito estufa? Eu acordei como se tivesse saído de um pesadelo, entre peidar e detonar o planeta. Foi um evento muito participativo, e todo mundo tinha o seu momento de soltar o peido. Tinha uma certa ordem, não era o caos. Foi muito bonito, muito animado. Eu era uma ativista, mas eu estava tão preocupada que nem pude aproveitar. Se não fosse esse meu sentimento de culpa, teria sido um sucesso.

Episódio 2 — Uma conversa entre Gilda e Sonia

A mulherada está saindo da cristaleira, mas ainda é difícil. Por causa do diabo que esperam da mulher: que mulher não tenha sexo, não goze, trepe só para ter filho, é isso que esperam de uma mulher bem-comportada do lar. Imagina agora, com esses aparelhinhos? O duro é que esses aparelhinhos agora estão caros. Antes era tão mequetrefe, antigamente ninguém ligava para essa porra. Um dia, eu falei: "Agora, vou num sex shop." Fui na internet ver onde tem um sex shop perto de casa e encontrei uma loja ótima. Entrei e comecei já rindo. Gente, tem cada coisa engraçada. Tem uns paus que você fala: "Gente, onde cabe esse pau? É de Itu?"

Segue, também, um aperitivo do delicioso livro *As Avós da Razão*, escrito pelo jornalista Ygor Kassab.

HELENA (94 anos):

O humor é mais importante do que o amor, porque o amor acaba, mas o humor deve continuar para o resto da vida. A gente tem que se casar com alguém que nos faça rir. Aqueles caras sérios, Deus me livre! E outra coisa: a pessoa mais importante da sua vida é você mesma. Em primeiro lugar vem você, os seus projetos e os seus desejos.

Tem uma fulana aí, uma amiga minha, que, quando ligo para ela, só escuto reclamação. Pergunto se está bem, ela fala que sim. Mas diz que tudo está muito chato, que a perna dói, o joelho está ruim. No meio da conversa, ainda fala sobre o problema intestinal dela. Ah, faça o favor, o que me interessa os intestinos desta senhora? Não podemos cultivar a tristeza. Quero que todas as velhinhas do Brasil fiquem como eu, ao invés de tomar remédio, tomem um bom uísque.

SONIA (84 anos):

Um pouco de sacanagem não faz mal para ninguém. Quando conheci o homem com o qual fiquei trinta anos casada, estávamos em um jantar entre amigos. Jantamos e tal e ele disse que iria embora, porém, antes, me falou para ir até lá fora com ele. Deu aquela pegada legal em mim e disse:

"Você tem algum compromisso?" Respondi que não e ele completou: "Vamos para o Guarujá?" Não tive dúvidas, foi só o tempo de passar em casa e fazer uma malinha. De repente, acontecem coisas inesperadas em nossas vidas.

Agora, se você tem personalidade e tem opinião, você não fica invisível nunca. Não há nada melhor na vida do que morar sozinha, ter o seu espaço, abrir a porta da sua casa e saber que aquele local é seu, algo que fica com o seu cheiro, com o seu perfume. O jovem acha que o velho não sabe fazer mais nada, mas ele é uma pessoa como outra qualquer. Ele pode até fazer as coisas mais devagar, mas faz. Envelhecer está na cabeça da pessoa. Se você cultiva o bom humor, você tem um remédio e tanto contra a velhice. Nós queremos dar voz ao velho.

GILDA (80 anos):

Depois de uma certa idade, você se olha no espelho e parece que enxerga a própria mãe. Graças a Deus, a minha era bonitinha. Para sair da cama, você tem que sair rolando, o joelho estala, a gente tem que se preparar muito para isso. Tem uma vantagem de ser velha: a gente ganha uma sabedoria a mais. E temos de viver o que nos resta de uma forma feliz, rir muito e nos divertir mais. É por aí que encontramos a felicidade. Seja mais alegre, tenha menos mágoa das coisas, tenha menos azedume, porque esse azedume vai te acompanhar até a velhice e aí você vai ficar insuportável. Pare de julgar e ria mais.

Por que eu amo as Avós da Razão?

Porque elas não estão nem um pouco preocupadas com a opinião e o julgamento dos outros: elas só querem se divertir, rir, brincar e saborear a velhice. Elas sabem que dar risada é mais revolucionário do que dar receita de como envelhecer bem. Elas sabem rir de si mesmas, não se levam a sério e preferem gozar a vida junto com as amigas do que desperdiçar o tempo reclamando ou se fazendo de vítimas. Em tempos de tanto ódio, intolerância, preconceito e violência, gozar é um ato revolucionário.

Quem topa ir comigo e com as Avós da Razão na manifestação dos peidos fazer a Revolução da Bela Velhice?

Fiz 40 anos e decidi ir pela primeira vez na vida a uma dermatologista para que ela me indicasse um filtro solar e um hidratante, produtos que nunca havia usado até então. Observando atentamente o meu rosto, como um detetive que procura provas da minha decrepitude com lentes de aumento, ela disse em um tom acusatório: "Por que você não faz uma correção nas pálpebras? Elas estão muito caídas. Você vai ficar dez anos mais jovem." E continuou com um tom cruel: "Por que você não faz preenchimento ao redor dos lábios? Você está com bigode chinês. Você vai ficar dez anos mais jovem." E a facada final: "Por que você não coloca botox na testa? Você está com muitas rugas de expressão. Você não quer ficar dez anos mais jovem?" Paguei a cara consulta e, em vez de ficar dez anos mais jovem, ganhei uma enorme insegurança, culpa e vergonha por estar ficando velha.

É uma delícia ser uma velha ridícula

Não me lembro quando foi a primeira vez que usei a palavra *velhofobia*, nem como nasceu essa ideia, mas tenho certeza de que, em 2017, nas minhas aulas, palestras e entrevistas, eu já utilizava o termo para designar o pânico de envelhecer e as violências físicas, verbais e psicológicas cometidas contra as pessoas mais velhas no Brasil. Apesar de não saber a origem da palavra *velhofobia*, tenho sido uma das principais responsáveis — talvez a principal — por divulgá-la na mídia.

A verdade é que não considero tão relevante a palavra que escolhemos para denunciar a discriminação contra as pessoas mais velhas, seja etarismo, idadismo, ageísmo ou *velhofobia*. Só que, desde 2017, percebi que *velhofobia* tem um impacto maior nas pessoas que desejam combater a violência e o abuso contra os mais velhos.

Para mostrar como a *velhofobia* é uma realidade perversa, invisível e muitas vezes inconsciente, escolhi algumas cenas que retratam os medos, inseguranças e vergonhas de uma mulher brasileira que busca envelhecer com mais liberdade, felicidade e beleza.

Cena 1 — Você não quer ficar dez anos mais jovem?

Fiz 40 anos e decidi ir pela primeira vez na vida a uma dermatologista para que ela me indicasse um filtro solar e um hidratante, produtos que nunca havia usado até então. Observando atentamente o meu rosto, como um detetive que procura provas da minha decrepitude com lentes de aumento, ela disse em um tom acusatório: "Por que você não faz uma correção nas pálpebras? Elas estão muito caídas. Você vai ficar dez anos mais jovem." E continuou com um tom cruel: "Por que você não faz preenchimento ao redor dos lábios? Você está com bigode chinês. Você vai ficar dez anos mais jovem." E a facada final: "Por que você não coloca botox na testa? Você está com muitas rugas de expressão. Você não quer ficar dez anos mais jovem?" Paguei a cara consulta e, em vez de ficar dez anos mais jovem, ganhei uma enorme insegurança, culpa e vergonha por estar ficando velha.

 Primeira lição: A *velhofobia* é alimentada pela indústria da moda, da beleza e da saúde, e, também, pelas próprias mulheres que reproduzem estigmas e preconceitos associados ao envelhecimento feminino.

Cena 2 — Você não se enxerga, sua velha ridícula?

Fui comprar uma calça jeans de uma grife famosa e uma vendedora bem jovem me tratou com total desprezo. Ela me olhou dos pés à cabeça como se dissesse: "Você não se enxerga, sua velha ridícula? Não quero a etiqueta da minha loja desfilando na bunda murcha e caída de uma velha baranga." Saí de lá arrasada, me sentindo uma velha ridícula e baranga, apesar de, na época, só ter 40 anos. Como a jovem não percebeu que estava sendo cúmplice da violência que as mulheres sofrem? Como não enxergou que estava alimentando o preconceito contra ela mesma no futuro?

 Segunda lição: As mulheres mais jovens fortalecem a *velhofobia* ao alimentar a crença de que velhice é sinônimo de feiura, doença e decrepitude.

Cena 3 — Será que o preço do sucesso feminino é a solidão na velhice?

Sempre gostei de ir ao cinema sozinha, sentar na primeira fila e mergulhar por inteiro no filme. Quando estava com 45 anos, ouvi o comentário de duas mulheres, acompanhadas dos seus respectivos maridos:

Olha lá a Mirian Goldenberg. Ela tem dezenas de livros publicados, mas não tem um marido ou namorado para vir ao cinema com ela. Coitada, estou com peninha dela tão sozinha. Será que o preço do sucesso feminino é a solidão na velhice?

 Terceira lição: As mulheres reforçam a *velhofobia* quando não aceitam as escolhas de mulheres que não precisam exibir o "capital marital".

Cena 4 — Você quer ficar uma velha caquética?

Fiz 50 anos e uma amiga de infância me advertiu:

> Você está ficando velha, Mirian. Você precisa fazer uma cirurgia plástica, dar uma esticadinha no rosto e no pescoço. Você precisa se cuidar mais. Hoje em dia, com tantos recursos disponíveis, você só fica velha se quiser. A culpa é sua se acabar ficando uma velha horrorosa. Você quer ficar uma velha caquética?

O mais interessante é que, ao ver o seu rosto tão mutilado e deformado, tive certeza de que prefiro ficar uma velha caquética do que uma velha plastificada.

 Quarta lição: As mulheres são cúmplices da *velhofobia* quando não aceitam a diversidade da "bela velhice".

Cena 5 — Por que você fica tão feliz de parecer mais jovem?

Na Alemanha, em 2007, dei oito palestras sobre o corpo como capital na cultura brasileira. Após minha palestra na Universidade Livre de Berlim, uma socióloga me perguntou:

Por que você fica tão feliz de parecer mais jovem? Por que considera um elogio parecer ser o que você não é mais? É infantil essa postura de depender do olhar e da aprovação dos outros. Você mesma é que deve se sentir bonita e atraente. Eu sei avaliar se sou bonita ou não. É só me olhar no espelho. E você?

Foi como um tapa na minha cara. Percebi que eu sempre respondia à pergunta "quantos anos você tem?" com "quantos anos você acha que eu tenho?". Aos 50 anos, ficava eufórica quando os mais mentirosos diziam que eu parecia ter 38. Quanto mais mentiam, mais feliz eu ficava.

 Quinta lição: "Você parece mais jovem" não é um elogio, mas uma forma de *velhofobia*, pois desqualifica e deslegitima a beleza da maturidade.

Cena 6 — Por que você precisa tanto de homem?

Fiz 55 anos e fui ao lançamento de um livro com meu novo namorado. Uma militante feminista me olhou surpresa: "Mirian, você acabou de se divorciar. Por que você precisa tanto de homem?" Levei um choque com a pergunta agressiva e respondi:

> Eu não preciso de homem para nada, não preciso de homem para pagar as minhas contas nem para resolver os meus problemas. A verdade é que, justamente por não precisar de homem, acabei encontrando um companheiro que está me fazendo feliz. Ele sabe que estou com ele não porque eu preciso, mas porque eu quero.

 Sexta lição: As mulheres que se acham libertárias também patrulham as diferentes escolhas femininas.

Cena 7 – Dois velhinhos podem se beijar no Carnaval?

Em um sábado de Carnaval na zona sul do Rio de Janeiro, meu marido me beijou apaixonadamente. Imediatamente, um grupo de jovens fez um círculo ao nosso redor. Eles deram risada e aplaudiram. Uma menina fantasiada de princesa gritou: "Tá melhor que a gente!" Um garoto fantasiado de príncipe gritou mais alto ainda: "Olha que bonitinho, dois velhinhos se beijando."

 Sétima lição: Será que a princesa encantada e seu príncipe consorte sabem que serão os "velhinhos bonitinhos" de amanhã?

Cena 8 — Velha não pode ir à praia de biquíni?

Betty Faria, aos 72 anos, foi xingada por ir à praia de biquíni. Adorei a resposta que ela deu às mulheres que patrulham o comportamento feminino:

> Velha baranga, sem espelho, e outras ofensas que, passada a raiva, me fizeram pensar na burca. Então querem que eu vá à praia de burca, que eu me esconda, que me envergonhe de ter envelhecido? E a minha liberdade? Depois de tantas restrições alimentares, remédios para tomar, exercícios a fazer, vícios a evitar, todos próprios da idade, ainda preciso andar de burca? E o meu prazer, a minha alegria, o meu humor?

 Oitava lição: A *velhofobia* é reproduzida, consciente ou inconscientemente, pelas próprias mulheres que estão envelhecendo.

Cena 9 — É proibido mostrar a velhice sem máscara?

Xuxa, aos 58 anos, compartilhou em seu Instagram uma fotografia de biquíni, mostrando o rosto sem maquiagem. Logo em seguida, começaram os comentários cruéis, como ela contou no *Fantástico*:

"Meu Deus, Xuxa, como você está velha. Como você está acabada." É impressionante que, se eu boto uma foto, em questão de segundos começam a meter o pau, porque sabem que isso vai chamar mais minha atenção do que um "eu te amo, eu te adoro".

 Nona lição: A *velhofobia* é um obstáculo para as mulheres assumirem a verdadeira beleza da maturidade.

Cena 10 — Você comeria cocô para ficar jovem?

Fiquei chocada ao saber que uma das mulheres mais ricas e famosas de todo o mundo declarou que "comeria cocô para parecer mais jovem". Em 1º de junho de 2022, Kim Kardashian, aos 41 anos, confessou ao *New York Times*: "Se você me dissesse que literalmente teria que comer cocô todos os dias para parecer mais jovem, eu comeria. Eu simplesmente comeria."

 Décima lição: Nelson Rodrigues estava certo quando anunciou: "Os idiotas vão tomar conta do mundo; não pela capacidade, mas pela quantidade. Eles são muitos."

Cena 11 — Por que sinto tanta vergonha de estar velha e feia?

Em 26 de outubro de 2020, dei uma entrevista para *O Globo* sobre a violência contra os mais velhos no Brasil. Não fiquei satisfeita com a excelente matéria, pois só consegui enxergar a minha fotografia em destaque: "Nossa, como estou velha e feia. Que vergonha, todo mundo vai ver que envelheci vinte anos durante a pandemia, todo mundo vai saber que estou uma velha decrépita." Eu que, desde março de 2015, brinco que tenho 93 anos, pois passei a ter só amigos nonagenários, também tenho pânico de envelhecer. Apesar de ter aprendido que o importante não é a idade cronológica, mas a idade da alma, não consigo enxergar a beleza da minha própria velhice.

 Décima primeira lição: A *velhofobia* mais cruel e assustadora está dentro de mim.

Cena 12 — Você está ficando louca?

No dia 18 de outubro de 2011, a revista *TPM* publicou uma matéria sobre o lançamento do meu livro *Corpo, envelhecimento e felicidade*. Quando abri a revista, levei um susto ao ver a minha fotografia. Apesar de estar vestindo um top bege, parecia que eu estava nua, cobrindo os seios apenas com as minhas mãos.

A ideia do fotógrafo era eu estar no centro, apontando, de um lado, para Simone de Beauvoir, e de outro, para Leila Diniz. Além de a *TPM* ter retirado as minhas musas inspiradoras da fotografia, meu rosto enorme, sem maquiagem e sem Photoshop, revelava todas as marcas da minha velhice: as rugas nos olhos, as manchas na pele, o pescoço encarquilhado. Eu estava completamente nua e crua.

No dia seguinte, uma colega da faculdade me interpelou na frente dos meus alunos: "Você está ficando louca? Você é uma professora! Não tem vergonha de sair pelada na *TPM*?"

 Décima segunda lição: A *velhofobia* é o retrato da violência física, verbal e psicológica que as mulheres sofrem diariamente, dentro e fora de casa.

Cena 13 — É (ou não é) uma delícia ser uma velha ridícula?

Escrevi o Manifesto das Coroas Poderosas, em 2008, para combater de forma lúdica e libertária os meus próprios preconceitos, medos e vergonhas de envelhecer.

Depois de ser xingada de velha ridícula, velha baranga, velha decrépita, velha caquética, velha feia, velha horrorosa, velha sem noção, velha maluca e velha louca, resolvi mudar o nome do movimento das Coroas Poderosas. Agora sou a fundadora e, por enquanto, a única militante das "Velhas Sem Vergonhas". Ou seria melhor "Velhas 100 Vergonhas"?

Ainda estou escolhendo o lema do meu novo movimento. Estou em dúvida entre: "É uma delícia ser uma velha ridícula" ou "Cada mulher sabe a dor e a delícia de ser uma velha ridícula". Qual deles você prefere?

Será que as mulheres brasileiras, de todas as idades, irão abraçar o meu movimento e assinar o Manifesto das Velhas Sem Vergonhas?

 Décima terceira lição: Para vencer a *velhofobia*, é preciso descobrir a dor e a delícia de ser uma velha ridícula e sem vergonha.

MANIFESTO DAS **VELHAS SEM VERGONHAS**

Mirian Goldenberg

A **VELHA SEM VERGONHA** está se divertindo com tudo o que conquistou com a maturidade: liberdade, felicidade, beleza, autonomia, alegria, amor, amizade, sucesso, poder, coragem e muito mais.

A **VELHA SEM VERGONHA** quer rir, brincar, gozar, dançar, cantar, viajar, curtir as amigas e os amores, cuidar da saúde, ter qualidade de vida e muito mais.

A **VELHA SEM VERGONHA** descobriu que a felicidade não está no corpo perfeito, na família perfeita, no trabalho perfeito, na vida perfeita, mas na coragem de ser ela mesma.

A **VELHA SEM VERGONHA** sabe que não deve jamais se comparar a outras mulheres, porque cada mulher é única, especial e incomparável.

A **VELHA SEM VERGONHA** não sente inveja da juventude, pois sabe que a jovem de hoje é a velha de amanhã.

A **VELHA SEM VERGONHA** quer namorar quem ela bem entender (não importa a idade), fazer amor quando quiser e beijar muito na boca. Ou pode não querer mais nada disso.

A **VELHA SEM VERGONHA** quer vestir a roupa de que mais gosta, mesmo que seja considerada velha demais para usar biquíni, minissaia, shorts, jeans, camiseta, tênis, cabelo branco, amarelo, azul, verde, lilás, rosa e todas as cores do arco-íris.

A **VELHA SEM VERGONHA** não tem medo de ser xingada de velha ridícula, pois já descobriu que é uma delícia ser uma velha ridícula.

A **VELHA SEM VERGONHA** aprendeu a ligar o botão do foda-se para o que os outros pensam, e — talvez o mais importante de tudo — passou a ter a coragem de dizer *não*.

Nós, **VELHAS SEM VERGONHAS**, convocamos todas as mulheres que estão cansadas de sofrer com os próprios medos, preconceitos e inseguranças a se unirem ao nosso grito de guerra: "**VELHAS SEM VERGONHAS** unidas jamais serão vencidas. Fodam-se as rugas, as celulites e os quilos a mais!"

Chego ao clímax de *A arte de gozar* com o maior legado que Simone de Beauvoir e Leila Diniz deixaram para todas as mulheres do mundo:

Nenhuma mulher nasce livre, torna-se livre!

Toda mulher é meio Leila Diniz e meio Simone de Beauvoir

Não sei como responder quando me perguntam: "Qual a lição mais importante que você aprendeu nas suas pesquisas sobre envelhecimento e felicidade?"

São tantas as lições que aprendi em mais de três décadas que é difícil escolher apenas uma. Mas se eu tivesse que dar uma única resposta, diria que a lição mais importante foi a de que a melhor forma de vencer a *velhofobia* é rir, brincar e gozar dos meus próprios medos, das minhas próprias inseguranças e das minhas próprias vergonhas de envelhecer.

Sempre fico emocionada quando as mulheres me contam: "O livro *A invenção de uma bela velhice* mudou a minha vida." E mais ainda quando repetem: "Nunca fui tão livre. Nunca fui tão feliz. É o melhor momento de toda a minha vida. É a primeira vez que posso ser eu mesma. É uma verdadeira revolução."

Também fico feliz quando os homens me dizem: "Adorei a sua reflexão sobre a bela velhice, projeto de vida e busca da felicidade", pois tem gente que pensa que só escrevo para as mulheres mais velhas. Não é verdade, escrevo para mulheres e homens de todas as idades, mas escrevo, principalmente, para mim mesma.

Exatamente por isso, escrevi *A arte de gozar*. Há um bom tempo, eu vinha sentindo vontade de escrever um livro que retratasse as minhas pesquisas de uma forma mais lúdica, divertida e criativa. Um livro que libertasse mulheres e homens dos preconceitos, das vergonhas e das prisões invisíveis da *velhofobia*.

Em uma noite de insônia, quando estava escrevendo a apresentação de *O segundo sexo*, tive a famosa eureca!

"Já sei! Vou escrever um livro que seja 'meio Simone de Beauvoir e meio Leila Diniz'."

Durante quase três anos, todos os dias, mal levantava da cama, já ia direto para o computador. E, sentada em um banquinho, cercada de cadernos e livros por todos os lados, com *O segundo sexo* e *Toda mulher é meio Leila Diniz* bem na minha frente, escrevia o dia inteiro, da hora de acordar até a hora de dormir.

A arte de gozar nasceu de um delicioso diálogo com a mistura de Simone de Beauvoir e Leila Diniz que mora dentro de mim:

Mirian: Estou com uma dúvida cruel: qual é o melhor título para o livro? *A arte de gozar*; *Amor, sexo e tesão na maturidade*; *O livro do tesão*; *Caminhos da libertação*; *A Revolução da Bela Velhice*; *Nenhuma mulher nasce livre: torna-se livre*; *A velhice do segundo sexo*; *É uma delícia ser* *uma velha ridícula*; *Velhas Sem Vergonhas ou Velhas 100 Vergonhas?*

Simone e Leila: Chega de inventar títulos, Mirian. Nós duas já decidimos que o título perfeito é *A arte de gozar: amor, sexo e tesão na maturidade.*

Mirian: Eu queria escrever mais sobre as minhas pesquisas, aprofundar algumas reflexões, como a questão da menopausa, da importância de "escutar bonito" as pessoas mais velhas, da invisibilidade e da solidão na velhice, da falta de autonomia como uma espécie de morte simbólica e outras discussões que não consegui desenvolver no livro.

Simone e Leila: Mirian, seu foco foi mostrar os paradoxos e as contradições das mulheres que estão buscando gozar a vida, gozar o amor, gozar o sexo, gozar o tesão, e, principalmente, gozar de si mesmas. Você conseguiu refletir sobre questões centrais das suas pesquisas e da sua própria vida: a *velhofobia*; o pânico feminino de envelhecer; a ânsia de ser uma mulher única, especial e incomparável — "a número um"; o valor da intimidade e da fidelidade; a dor e a delícia de ser uma velha ridícula e sem vergonha.

Lógico que sempre vai faltar alguma coisa. São mais de trinta anos de pesquisas com milhares de mulheres e homens, não dá para analisar todas as questões relacionadas ao envelhecimento e à felicidade em um só livro. Você não queria escrever um livro mais divertido, saboroso e leve?

E assim, escutando e conversando com Simone e Leila, fui montando um saboroso quebra-cabeça com minúsculas peças que foram se encaixando aos pouquinhos. Precisei diminuir e cortar algumas, descobrir aquelas que estavam escondidas, acrescentar outras. Eu sei que o quebra-cabeça não está completo, especialmente porque faltam as peças que só você pode encaixar para terminar o livro que, agora, também é seu.

Passei meses e meses só lendo, escrevendo e montando o meu quebra-cabeça lúdico e libertário. Poderia continuar por mais tempo, mas em um determinado momento percebi que estava mais do que na hora de terminar. Na verdade, após quase três anos dedicada a escrever e reescrever *A arte de gozar*, Simone e Leila me deram uma bronca:

> Basta, Mirian, está na hora de terminar. Chega de escrever, reescrever, querer melhorar, mexer tanto nos capítulos, ficar inventando títulos. Lembra da frase da Clarice Lispector que você adora? "Até cortar os próprios defeitos pode ser perigoso. Nunca se sabe qual é o defeito que sustenta nosso edifício inteiro." Se você mexer mais, pode cortar exatamente aquele defeito que sustenta todo o edifício de *A arte de gozar*.

Quero terminar, então, exatamente do mesmo jeito que comecei *A arte de gozar*. No início do livro, mostrei que as mesmas mulheres que revolucionaram os comportamentos amorosos e sexuais no século passado, as mulheres da geração de Simone de Beauvoir e de Leila Diniz, estão hoje revolucionando os discursos, comportamentos e valores associados ao envelhecimento feminino.

Só agora, com a minha Revolução da Bela Velhice, descobri que é impossível ser, como eu gostaria, "meio Leila Diniz e meio Simone de Beauvoir". Finalmente, estou tendo a coragem de ser, por inteiro, Mirian Goldenberg.

Chego ao clímax de *A arte de gozar* com o maior legado que Simone de Beauvoir e Leila Diniz deixaram para todas as mulheres do mundo:

Nenhuma mulher nasce livre, torna-se livre!

Este livro foi composto na tipografia Adobe Garamond Pro,
em corpo 12/16, e impresso em
papel off-white no Sistema Cameron da
Divisão Gráfica da Distribuidora Record.